Timm Staeglich

Unterricht im Kämpfen

D1723050

Timm Staeglich

Unterricht im Kämpfen

Kampfsport als Gewaltprävention?

Tectum Verlag

Timm Staeglich

Unterricht im Kämpfen.
Kampfsport als Gewaltprävention?

ISBN: 978-3-8288-2317-4

Umschlagabbildung: pixelio.de © Dieter Schütz

Umschlaggestaltung: Norman Rinkenberger | Tectum Verlag

© Tectum Verlag Marburg, 2010

Besuchen Sie uns im Internet
www.tectum-verlag.de

Bibliografische Informationen der Deutschen Nationalbibliothek
Die Deutsche Nationalbibliothek verzeichnet diese Publikation in der
Deutschen Nationalbibliografie; detaillierte bibliografische Angaben sind
im Internet über http://dnb.ddb.de abrufbar.

Auf die Füße kommt unsere Welt erst wieder,
wenn sie sich beibringen lässt,
dass ihr Heil nicht in Maßnahmen,
sondern in neuen Gesinnungen besteht.

(Albert Schweitzer, 1923)

Inhaltsverzeichnis

Einleitung

Die öffentliche Debatte, um die Zunahme der Gewaltbereitschaft und Brutalität, zeigt auf, wie notwendig es ist, sich mit dieser Thematik auseinander zu setzen. Denn Gewalt ist nicht nur in den Medien, an den Schulen oder auf der Straße vertreten, sondern sie ist allgegenwärtig in unserer Gesellschaft. Insbesondere das Gewaltverhalten von Jugendlichen weist eine steigende Tendenz auf (vgl. Süddeutsche Zeitung Nr. 129 vom 7. Juni 2006, S. 10). So stieg die Gewaltkriminalität von Jugendlichen im Jahr 1993 von 24.615 Fällen auf 54.091 Fälle im Jahr 2004 (Der Spiegel 2006, Nr. 14, S. 23). Schulen, wie zum Beispiel die Rütli Schule in Berlin, kapitulieren vor dem Gewaltpotential ihrer Schüler. Respektlosigkeit, Aggressivität und Ignoranz spiegeln sich in den Stimmungen der Schüler wieder. Die Gründe, die ein gewalttätiges Vorgehen rechtfertigen sind vielschichtig und komplex. Die Auslöser sind dagegen oft banal, so reicht schon eine Bemerkung aus, um als Anlass einer Schlägerei genutzt zu werden. Dementsprechend ist der Begriff der Gewaltprävention in der heutigen Zeit aktueller und gefragter als je zuvor. Es werden Maßnahmen geschaffen und diskutiert, die durch ihren gewaltpräventiven Ansatz erfolgversprechend sind. Besondere Aufmerksamkeit erfahren bewegungsbezogene Präventionsmaßnahmen. Sport gilt als preiswerte Sozialarbeit in der Gesellschaft. Er hat einen hohen Bildungswert und kann Randgruppen der Gesellschaft in diese integrieren.

Die Möglichkeit der Gewaltprävention durch Kampfsport wird von einigen Pädagogen, mit der Annahme durch Kampfsport werde gewalttätiges Verhalten nur gefördert, als kontraproduktiv zurückgewiesen. Andere wiederum favorisieren diese Art der Präventionsmaßnahme, da hiermit eine Hemmschwelle der Gewaltanwendung aufgebaut werde. So lernten die Jugendlichen im Training, dass sie ihre Stärke nicht gegen Schwächere auszunutzen dürften. Diese Erkenntnis werde dann auch in anderen Lebensbereichen außerhalb des Trainings angewendet.

Untersuchungsweg

Die folgende Arbeit stellt im ersten Teil die verschiedenen Aggressionsarten, ihre Ursachen und die Zusammenhänge zwischen Aggression und Gewalt dar. Des Weiteren werden Theorien, die die Erlernbarkeit von

Aggressionen erklären, erläutert. Dieser Teil ist grundlegend für das Verständnis der Entstehung von gewalttätigem Verhalten.

Der zweite Teil setzt sich mit Theorien auseinander, die Probleme thematisieren, die bei der Verminderung von gewalttätigem Verhalten eine Rolle spielen. Im Anschluss wird der Umgang mit Aggressionen diskutiert. Die Ergebnisse hieraus werden später mit den Möglichkeiten der Gewaltprävention vernetzt.

Der dritte Teil erläutert das Verhältnis zwischen Kampfsport und Kampfkunst. Die philosophischen Aspekte des Zen und des Do werden als Teil der Kampfkunst erklärt. Zudem wird die Wichtigkeit der Etikette in der Kampfkunst herausgehoben.

Im vierten Teil wird die Kampfkunst als Präventivmittel gegen Gewalt diskutiert. Es werden die Bedeutung der Kampfkunst in der Jugendarbeit herausgehoben und praktische Hinweise gegeben, die bei dem Einsatz von Kampfkunst in der Jugendarbeit beachtet werden müssen.

Der fünfte Teil erläutert die Relevanz der Kampfkunst Ju-Jutsu in der Schule anhand einer didaktischen Analyse. Die pädagogische Intention und Rechtfertigung des Ju-Jutsu wird unter Berücksichtigung der Feinziele nach den Grundsätzen und Bestimmungen für den Schulsport analysiert.

Abschließend, im sechsten Teil, befasst sich die vorliegende Untersuchung mit dem Jugendzentrum Döhren in Hannover und seiner praktischen Umsetzung von Kampfkunst als Präventivmittel gegen Gewalt. Anhand einer empirischen Studie wird untersucht, wie sich Kampfkunst auf die Teilnehmer der Trainingsgruppe auswirkt und ob sie sich auch in der Praxis als präventiv bewegungsbezogene Maßnahme gegen gewalttätiges Verhalten eignet. Dazu wurden 37 Kampfkunsttrainierende des Jugendzentrums Hannover-Döhren schriftlich über ihre Meinung zum Thema Kampfkunst und Gewalt befragt.

1. Zum Begriff der Aggression

Der Begriff Aggression hat seinen Ursprung im Lateinischen und leitet sich ab von dem Wort „aggredi", was soviel bedeutet wie (her-) angehen, darauf zu gehen oder etwas anpacken. Eine einheitliche Definition der Aggression zu entwickeln, stellt sich als schwierig dar. So lässt sich nach Nolting (1997, S. 21) keine klare Linie zwischen aggressivem und nicht aggressivem Verhalten aufzeigen. Dennoch gibt es einige Definitionsgrundsätze, die im Folgenden den Aggressionsbegriff näher eingrenzen und erklären sollen. So hält Felson (1984, S. 107, übersetzt vom Verfasser) Aggression für eine Handlung, bei der eine Person versucht, eine andere zu verletzen oder zumindest damit droht. Das Verletzen beziehungsweise die Drohung erfolgt unabhängig vom letztendlichen Ziel der Handlung. Fürntratt (1974, S. 283) versteht unter aggressiven Verhaltensweisen solche, die Individuen oder Sachen aktiv und zielgerichtet schädigen, sie schwächen oder in Angst versetzen. Nach Selg (1988, S. 14) besteht Aggression in einem, gegen einen Organismus gerichteten, Austeilen schädigender Reize. Eine Aggression kann offen (körperlich, verbal) oder verdeckt (phantasiert), sie kann positiv (von der Kultur gebilligt) oder negativ (missbilligt) sein. Bach und Goldberg (1974, S. 14) verstehen dagegen bereits unter Aggression jedes Verhalten, das im Wesentlichen das Gegenteil von Passivität und Zurückhaltung darstellt.

Zusammenfassend kann Aggression als das beschrieben werden, was seiner eigentlichen Übersetzung sehr nahe kommt, nämlich als ein entschlossenes, aktives Herangehen einer Person an eine andere Person oder einen bestimmten Gegenstand. Dennoch erkennt man, mit Ausnahme bei der von Bach und Goldberg genannten Definition, bei allen Definitionen, dass ein ausgehender Reiz vorhanden sein muss, der sich gezielt gegen eine Sache oder einen Organismus richtet. Der Begriff Aggression ist in unserer Gesellschaft zumeist negativ besetzt.

1.1 Aggressionsarten

Es existieren unterschiedliche Aggressionsarten, denen verschiedene Bedingungen zugrunde liegen. Es muss daher auch in verschiedener Weise mit ihnen umgegangen werden. Für eine Analyse der verschiedenen Aggressionsarten unterschieden u.a. Berkowitz (1962) und Michaelis (1976) in der Aggressionspsychologie zwischen zwei Grundtypen: *Die emotionale Aggression* und *die instrumentelle Aggression*. Die emotionale Aggression beruht auf gefühlsmäßigen Reaktionen, die nicht rational gesteuert sind. Die instrumentelle Aggression basiert dagegen auf rationalen Reaktionen. Die instrumentelle Aggression wird als Element genutzt, um die verfolgte Intention durchzusetzen. Der Übergang zwischen beiden Aggressionsarten ist jedoch fließend, so dass sich bei einer Aggressionsart auch Merkmale der anderen Aggressionsart finden können. Um differenzierte Ergebnisse zu erlangen, hat Nolting (1997, S. 147-160) Ergebnisse, Befragungen und Annahmen gesammelt und gebündelt, und Aggressionsarten zusammengestellt, in denen die verschiedenen Aggressionsmotivationen sichtbar werden.

1.1.1 Emotionale Aggressionen

Die *emotionale Aggression* beruht auf emotionalen Reaktionen wie zum Beispiel Wut. Das Aggressionsbedürfnis, das hier entsteht, wird durch gezieltes Schädigen befriedigt. Die emotionale Aggressionsart ist in verschiedenen Ausprägungen zu finden.

1.1.1.1 Vergeltungs-Aggression

Die emotional reaktive Aggressionsart der Vergeltung ist eine Reaktion auf eine vorangegangene Provokation, wie zum Beispiel eine ungerechte Behandlung oder eine Kränkung. Die Person, die Vergeltung ausübt, ist dabei nicht einfach wütend, sondern richtet ihre Aggressionen gezielt gegen eine Person. Der Schaden, der bei einer Vergeltungs-Aggression entsteht, kann den Provokateur oder aber Objekte, die mit ihm in Verbindung stehen, selbst treffen. Die Befriedigung der Vergeltungs-Aggression liegt dabei darin, den Provokateur zu verletzen und ihm Schaden zuzufügen. Beispiele von Vergeltungs-Aggressionen findet man unter anderen oft in Mannschaftssportarten, bei denen die Spieler unmittelbaren Kontakt zueinander haben. Als Beispiel wird der Spieler A vom Gegenspieler B gefoult, ohne dass der Schiedsrichter dies bemerkt. Spieler B hat somit die vereinbarten Regeln gebrochen und damit er nicht ungescholten davon kommt, rächt sich Spieler A mit einem Foul. „Denn diejenigen, die sich an die Norm (Regel) halten, können über deren Sinn

in Zweifel geraten, wenn andere sie ungeschoren übertreten dürfen."
(Nolting 1997, S. 154) So ist für Spieler A zumindest die subjektive Ge-
rechtigkeit wieder hergestellt. Bezweckt die Person, die Vergeltung ausübt gleichzeitig eine Abschreckung, so will sie damit einen Zweck erreichen. Sie benutzt ihre Aggression dann auch im instrumentellen Sinne
(siehe S. 19).

1.1.1.2 Frustrations-Aggression

Die Frustrations-Aggression ist eine zumeist emotionale Aggression, die
Aggression als reaktives Verhalten darstellt. Sie entsteht, wenn eine
zielgerichtete Aktivität gestört wird oder aus anderen Gründen nicht
erfüllt werden kann und dadurch die Befriedigung, die das Verhaltens-
motiv bringen würde, nicht gegeben ist. Das Wort Frustration hat seinen
Ursprung im Lateinischen (frustratio) und bedeutet soviel viel wie „vergebens" oder „Täuschung einer Erwartung". Der Begriff wird in unserer
Gesellschaft jedoch auch anderweitig benutzt, wie zum Beispiel für
Stresssituationen, Entbehrungen oder allgemein für unangenehme, negative Erfahrungen.

Die Frustrations-Aggressions-Hypothese (Dollard/Doob/Miller/ Sears
1939) ging ursprünglich aus der psychoanalytischen Theorie hervor und
besagt, dass dort, wo der Mensch in seinem permanenten Streben nach
Lustgewinn frustriert wird, Aggressionen auftreten. Die Frustrations-
Aggressions-Hypothese geht weiter von der Annahme aus, dass Versa-
gungserlebnisse (Frustrationen) zu Aggressionen führen. Sie geht in
ihrer radikalsten Form davon aus, dass Aggressionen ausschließlich
durch Frustrationen hervorgerufen werden und dass Frustrationen
grundsätzlich in bestimmten Formen von Aggressionen münden.

Die Stärke der jeweiligen Frustrationen wird nach Dollard durch folgende Zustände beeinflusst:

- vom Grad der Neigung zu Frustrationsreaktionen;
- vom Grad der Behinderung einer Reaktion;
- von der Zahl der frustrierenden Reaktionen;
- von der Zahl gelöschter nicht-aggressiver Reaktionen.

Diese These wurde schon 1941 von verschiedenen Forschern (u.a. Miller) relativiert. Danach können Frustrationen eine ganze Reihe von Reaktionen, unter anderem auch nicht-aggressives Verhalten, hervorrufen. Die Frustrationsversuche, die durchgeführt wurden, wiesen demnach unterschiedliche Resultate bei frustrierten Menschen auf. Einige verhielten sich nach ihrer Frustration aggressiv, andere wiederum bei gleichen Bedingungen nicht. Diese unterschiedlichen Reaktionen auf Frustration lassen darauf schließen, dass noch andere Bedingungen auf Frustrierte einwirken, die gegebenenfalls eine anschließende Aggression auslösen oder auch nicht. Um zu erkennen, wann Frustration zu Aggressionen führt, betrachtete Nolting drei verschiedene Frustrationstypen anhand von empirischen Forschungen:

- Frustration durch Hindernisse;
- Frustration durch Provokation;
- Frustration durch physische Stressoren.

1.1.1.1.1 Frustration durch Hindernisse

Eine Frustration durch Hindernisse entsteht, wenn eine geplante, zielgerichtete Aktivität, also ein in Gang gesetzter Prozess, durch ein Hindernis gestört wird und nicht vollendet werden kann. Hindernisse können durch einen selbst, durch andere Personen oder durch Naturgewalten geschaffen werden. Die Frustration durch Hindernisse löst nach Berkowitz (1967) dann schneller Aggressionen aus, wenn das Hindernis durch andere Personen geschaffen wird, als wenn es durch die Person selbst oder eine Naturgewalt begründet wird. Der Grund hierfür kann beispielsweise darin liegen, dass die Person durch die Aggression bewegt werden soll, das Hindernis, das sie selbst geschaffen hat, auch selbst zu beseitigen. In diesem Fall besitzt die Aggression auch einen instrumentellen Aspekt, da sie zweckgerichtet ist (siehe S. 19).

Alternative Möglichkeiten, um auf Frustration durch Hindernisse zu reagieren und diese zu bewältigen, sind zum Beispiel:

- Entschärfung der Frustration durch das Herunterspielen der Gesamtsituation beziehungsweise durch das Entschärfen der Situation durch Humor;

- Intensivere Lösungssuche durch noch größere Anstrengungen;
- Erfolgreiches Durchführen von Ersatzhandlungen;
- Selbstbetäubung durch Drogen;
- Selbstschuldzuweisungen;
- Anerkennen und Abfinden mit der Situation und somit Resignieren und Aufgeben;
- Voraggressive Unmutsäußerungen, die nicht gegen Personen, sondern gegen die gegenwärtige Situation gerichtet sind „So`n Mist!".
  (vgl. Nolting 1997, S. 72).

1.1.1.1.2 Frustration durch Provokation

Frustrationen können auch durch äußerliche Provokationen geschaffen werden wie zum Beispiel durch extreme Sonneneinstrahlung, Lärm und verbale Attacken wie Beleidigungen, Drohungen, Belästigungen und durch physische Provokationen wie zum Beispiel Anrempeln. Die Frustration durch Provokation löst nach Berkowitz (1967) weitaus öfter aggressives Verhalten aus, als die Hindernisfrustration, da es hier meistens andere Personen sind, von denen die Provokation ausgeht.

Felson (1984) analysierte Provokationen und darauf folgende Aggressionen. Nach seinen Beobachtungen von aggressiven Interaktionen steht am Anfang ein Verhalten, welches andere als Verstoß gegen eine gültige Norm empfinden. Die aus der Interaktion mögliche resultierende Aggression betrachtet Felson als eine Art Bestrafung, die dem „Normverletzer" gilt. Die Aggression kann ihrerseits eine Eskalation der Situation hervorrufen, die häufig in den typischen Stufen abläuft, angefangen mit Vorwürfen bis hin zu einer gewaltsamen Auseinandersetzung.

Alternative Möglichkeiten, um auf Frustration durch Provokationen zu reagieren und diese zu bewältigen, sind zum Beispiel:

- Entschärfende Bewertungen des aversiven Verhaltens. („Herr Müller steht mal unter Strom");
- Bewusstes Ignorieren der Provokation;
- Diskussion mit dem Provokateur;

- Vertreten des eigenen Standpunktes/Mitteilung der eigenen Gefühle;

- Akzeptieren der Provokation;

- Meiden von weiteren Provokationen/den Provokateur ignorieren und die Flucht ergreifen.

1.1.1.1.3 Frustration durch psychische Stressoren

Frustration kann auch durch psychische Stressoren entstehen. Als Beispiel können externe aversive Bedingungen wie Hitze, Nässe, schlechte Luft, Lärm oder Menschengedränge genannt werden. Durch psychische Stressoren können aber auch bereits vorhandene Frustrationen weiter begünstigt werden. Psychische Stressoren wie zum Beispiel Lärm können aber auch als Provokationen empfunden werden, wenn der Lärm auf rücksichtsloses Verhalten zurückgeführt werden kann und belästigend wirkt.

Nicht zu unterschätzen ist auch die Umgebung, angefangen mit der Wohnung bis hin zu dem Viertel, in der man wohnt. Pilz (1994, S. 53) fand heraus, dass bewegungsfeindliche, erlebnis- und kontaktarme Wohngebiete sowie unattraktive oder fehlende Freizeitangebote das Bedürfnis nach Spannung und Abenteuer hervorrufen, das mit Aggressionen befriedigt werden kann. Es besteht also ein Zusammenhang zwischen fehlenden Freizeitmöglichkeiten und -gestaltungen, innerhalb derer Abenteuerlust, Bewegungsdrang und Kreativität gestillt werden können und Aggressionen. Aggressive Jugendliche haben oft zu wenig Platz zum Verwirklichen ihrer Bedürfnisse. Dichte Plattenbausiedlungen engen Jugendliche ein; es gibt keinen Freiraum für persönliche Bedürfnisse. Ferner können auch schlechte Zukunftsperspektiven zur Frustration führen, wenn zum Beispiel Jugendliche trotz eines hohen Bewerbungsaufwandes keinen Arbeitsplatz bekommen.

Insgesamt können psychische Stressoren Aggressionen zwar begünstigen, sie haben aber nur selten so starke Auswirkungen auf Aggressionen wie die Frustration durch Hindernisse oder durch Provokation.

1.1.1.3 Spontan-Aggression

Die Spontan-Aggression stellt eine Zwischenstufe zwischen der emotionalen und der instrumentellen Aggression dar. Schon aus dem Wortlaut lässt sich erkennen, dass Spontan-Aggressionen plötzlich entstehen, ohne dass ein erkennbarer Sinn und Zweck die Aggressionen entzündet wie zum Beispiel ein plötzlicher Zerstörungswille oder plötzliche Streitlust. Die Spontan-Aggression ist dabei intrinsisch motiviert, d.h. sie entsteht zumeist ohne äußeren Einfluss. Dennoch kann die Spontan-Aggression auch instrumenteller Natur sein und zwar dann, wenn sie einen Zweck verfolgt. Dieser Zweck kann zum einen in der Erhöhung des Selbstwertgefühles und zum anderen in einer Selbststimulierung beziehungsweise einem Nervenkitzel liegen. Gerade bei gewaltsamen Jugendlichen spielt der Aspekt der Erhöhung des Selbstwertgefühles eine ausschlaggebende Rolle. Durch das Machtinstrument der spontanen Aggression erfahren sie ein Überlegenheitsgefühl, das sie nach Belieben ausspielen können. Gerade in der Selbstfindungsphase der Pubertät finden männliche Jugendliche hier eine instrumentelle Möglichkeit, ihre Männlichkeit unter Beweis zu stellen und zu demonstrieren sowie Anerkennung und Respekt zu erlangen.

Beim Aspekt der Selbststimulierung lässt sich Gewalt als eine Art Abenteuer beschreiben, bei dem man sich der Aggression bedient, um sich einen Nervenkitzel („Kick") zu verschaffen. Pilz (1984) sieht die Selbststimulierung als eine der Hauptmotivationen von Fußballfans. Nolting (1997, S. 163) verweist darauf, dass es sich nur dann um eine echte Spontan-Aggression gegen Personen handelt, wenn ein Schmerz bei der Person erreicht wird, gegen die die Gewalt stattfindet. Hierdurch entsteht bei der gewaltausübenden Person eine Befriedigung, die eine subjektiv empfundene Erhöhung bewirkt und somit das Selbstwertgefühl steigert. In Ausnahmefällen kann eine Personen sogar Lust am aggressiven Verhalten empfinden (vgl. Schwind/Baumann 1994, S. 18).

1.1.2 Instrumentelle Aggression

Die instrumentelle Aggression bezeichnet solche Aggressionen, bei denen diese als Instrument genutzt werden, um eigene Interessen durchzusetzen und daraus einen Nutzen zu ziehen. Hier liegt die Befriedigung nicht im Schädigen selbst, sondern in der Erreichung der durchgesetzten

Interessen, wie zum Beispiel bei einem Raubüberfall, bei dem das erreichte Ziel die Beute darstellt. Die Aggression dient somit als Mittel zum Zweck. Mit Hilfe der instrumentellen Aggression wird aber auch versucht, Probleme zu lösen. Das geschieht vornehmlich dann, wenn die Personen andere Problem lösende Wege nicht erkennen oder wenn sie denken, dass andere Wege nicht zum Ziel führen würden. Solche Gewalt lässt auf eine angespannte Lage der Hilflosigkeit und der Überforderung schließen (vgl. Schwind/Baumann 1994, S. 17 ff.).

1.1.2.1 Abwehr-Aggression

Die Abwehr-Aggression ist primär eine instrumentelle Aggression, denn sie hat letztendlich das Ziel, sich selbst oder andere gegen einen gegenwärtigen Angriff, eine Bedrohung oder eine Belästigung zu verteidigen. Die Abwehr-Aggression entsteht als Reaktion auf aversive Erfahrungen (Nolting 1997, S. 156). Aversive Erfahrungen einer Person sind solche, auf die die Person mit Abneigung reagiert. Die Abwehr-Aggression wird häufig genutzt, um physische Angriffe, Störungen, lästige Aufgaben, Pflichten und Fragen, die Angst oder Schuldgefühle auslösen, abzuwehren. Die Abwehr-Aggression ist beendet, wenn das Ziel - die Abwehr - erreicht ist. Wenn ein Schüler die körperliche Attacke eines anderen zurückschlägt, ist es somit dann Abwehr-Aggression, wenn der zurückschlagende Schüler nach dem Ende des Angriffs seine Gegenwehr einstellt.

Der Unterschied zur oben genannten Vergeltungs-Aggression liegt darin begründet, dass hier dem Provokateur erst *nach* der Provokation ein körperlicher Schmerz zugefügt wird. Wenn ein angegriffener Schüler also nach dem bereits beendeten Angriff zurückschlägt, liegt eine Vergeltungs-Aggression vor. Das Zurückschlagen dient in diesem Fall nicht mehr dem Ziel, den Angriff abzuwehren, sondern der Vergeltung.

Beide Aggressionsarten können jedoch auch gemeinsam auftreten. In diesem Fall kommt es nach der Abwehr eines Angriffs zur anschließenden Vergeltung. Diese ist dann oft instrumentell und dient dem Zweck der Abschreckung und Vorbeugung weiterer Angriffe.

Die Abwehr-Aggression und Vergeltungs-Aggression ähneln sich dennoch in gewissen Punkten. Beide Arten der Aggression entstehen als Reaktion auf aversive Erfahrungen. Um den Aggressionen entgegenzuwirken, ist jedoch wieder eine Differenzierung zwischen Abwehr- und

Vergeltungs-Aggression notwendig. Einer Abwehr-Aggression kann bereits durch die Aufhebung des Angriffs entgegengewirkt werden. Da bei der Vergeltungs-Aggression oft zusätzlich noch eine Kränkung der provozierten Person eine Rolle spielt, kann eine Vergeltungs-Aggressionen nur zusätzlich mit einer unterwürfigen Geste beziehungsweise einer Entschuldigung aufgehoben werden, was in dem Beispiel der Mannschaftssportarten einer nachträglichen Anerkennung der Regeln gleich käme.

1.1.2.2 Erlangungs-Aggression

Die Erlangungs-Aggressionen ist instrumenteller Art und wird gezielt eingesetzt, um eigene Interessen durchzusetzen und um Gewinn, egal in welcher Form, zu erhalten. Diese Aggression besteht also aus einem Dominanzverhalten, welches sich in Drohungen, körperlicher Gewalt oder Wutausbrüchen äußern kann. Ein weiterer angestrebter Vorteil besteht in Beachtung und Anerkennung (vgl. Nolting 1997, S. 112). Mitglieder von Jugendbanden können sich durch aggressives Verhalten den gewünschten Respekt und die Anerkennung verschaffen, die sie in ihrer Gruppe suchen. So führt aggressives Verhalten letztendlich zu einer Aufwertung des eigenen Selbstwertgefühls.

Die Aggression wird jedoch nicht in jedem Fall durch aggressive Emotionen geleitet, sondern oft berechnend eingesetzt, besonders, wenn es um wirtschaftliche Interessen geht. So können sich Erlangungs-Aggressionen auch mit Vergeltungs-Aggressionen mischen, so dass aggressive Emotionen mit einem Dominanzverhalten, also intrinsische und außeraggressive Motivationen und Ziele miteinander gekoppelt werden, um zweierlei Dinge gezielt zu erreichen. Zum einen die Vergeltung und zum anderen die Beachtung und Anerkennung von Dritten.

1.1.3 Personale Gewalt als Teilbereich der Aggression

Personale Gewalt ist ein Teilbereich der Aggression. Personale Gewalt bezeichnet eine besonders schwere Form der Aggression, ausgeübt durch Personen, die sich meist in physischer (Schlagen, Schubsen, Treten) oder auch psychischer (alle Arten der Schädigung der Psyche wie zum Beispiel Mobbing) Weise äußert. Aggressionen dagegen können sich auch durch leichte verbale Angriffe äußern (Beleidigungen, Anschreien, Drohungen und ein besonders intensives Handeln). Aggressionen lassen sich also in jeder Form der personalen Gewalt wieder finden, aber personale Gewalt ist nicht zwingend in jeder Form der Aggression vertreten. Demnach wird der Begriff der personalen Gewalt vom Begriff der Aggression mitumfasst. Im Gegensatz zur personalen Gewalt steht die strukturelle Gewalt, die ursprünglich von Galtung (1975) geprägt wurde. Als strukturelle Gewalt bezeichnet man jegliche Erscheinungen, die Menschen davon abhält, ihre Ziele zu verfolgen. Demnach wird die strukturelle Gewalt nicht personalen Akteuren zugeordnet, sondern setzt sich aus Strukturen zusammen wie zum Beispiel die hierarchische Rangordnung in der Bundeswehr, aber auch das Wohlstandsgefälle zwischen der Ersten und der Dritten Welt. Nach Galtungs Definition sind auch Wirbelstürme, ungleiches Einkommen oder die unterschiedlichen Lebenserwartungen bedingt durch Umweltverschmutzung Erscheinungen der strukturellen Gewalt. Strukturelle Gewalt ist somit nicht vom Begriff der Aggression mitumfasst, die - wie oben bereits erklärt - immer von Personen ausgeht.

In dem folgenden Schaubild von Nolting (1997, S. 26) wird das Verhältnis zwischen personaler und struktureller Gewalt sowie Aggression dargestellt.

AGGRESSION	Andere (nichtgewaltsame) Aggression	Personale Gewalt	Strukturelle (nichtagressive) Gewalt	GEWALT

1.1.4 Ursachen von Aggressionen

Außer den Aggressionsursachen, die bereits im Rahmen der unterschiedlichen Aggressionsarten besprochen wurden, können Aggressionen durch eine Fülle von weiteren Auslösern hervorgerufen werden. Bei einer Befragung von Nolting (1997, S. 37) sollten Personen verschiedenster Gruppierungen und Sozialschichten angeben, warum es ihrer Ansicht nach soviel Aggression in der Welt gibt. 79 % der Auslöser und Ursachen waren demzufolge unangenehme Erfahrungen unterschiedlicher Art wie zum Beispiel negative Erfahrungen im Umgang mit Menschen, mangelnde Selbstverwirklichung, hohe Anforderungen etc. Als weitere Auslöser wurden unter anderem Durchsetzung, Massenmedien oder auch die menschliche Natur herangezogen.

Bei Noltings Befragung zur Zustimmung von vorgegebenen Aggressionserklärungen stimmten:

- 94% für falsche Erziehung;
- 93% für die vielen Probleme des Alltags;
- 91% weil viele Menschen nicht gelernt haben, sich anders zu verhalten;
- 73% weil es oft einfacher ist, sich aggressiv zu verhalten;
- 62% weil jeder Mensch aggressive Antriebe hat, die er von Zeit zu Zeit abreagieren muss.

Bedürfnisse, wie zum Beispiel Schlaf, Nahrungsaufnahme oder emotionale Bedürfnisse, die aus diversen Gründen nicht erfüllt werden können, begünstigen zudem aggressives Verhalten, können aber nicht als Verursacher aggressiven Verhaltens nachgewiesen werden.

Eine Untersuchung von Langfeldt & Langfeldt-Nagel (1990, S. 12-25) ergab, dass aggressives Verhalten zum dominierenden Teil aus diesen vier Faktoren resultiert: Frustrationsbedingungen, Situationen, negativen Gefühlen und Persönlichkeitsmerkmalen. Diese Erkenntnisse decken sich zum großen Teil mit den Ergebnissen der Befragung von Nolting.

1.2 Aggressionen und die Theorie ihrer Erlernbarkeit von Modellen

1.2.1 Lernen am Erfolg

Unter Lernen am Erfolg versteht man ein Verhalten, das bereits mindestens einmalig den gewünschten Erfolg erbracht hat und deshalb erneut angewendet wird. Der Erfolg kann dabei materieller Art (zum Beispiel Geld, Spielsachen, Süßigkeiten) oder immaterieller Art (zum Beispiel Lob, Lächeln) sein. Personen, die mit Aggressionen oder personaler Gewalt den gewünschten Erfolg erzielen konnten, werden daher in das bereits erprobte Verhaltensmuster zurückfallen. So lernen oft schon Kleinkinder, dass sie mit aggressivem Verhalten (zum Beispiel Schreien) die gewünschte Reaktion der Eltern erreichen. Nach Pilz (1982, S. 25) werden, wenn eine Erfolgserwartung nicht jedes Mal bekräftigt wird, aggressive Verhaltensmuster zwar langsamer aufgebaut („intermittierende Verstärkung"), verfestigen sich dabei aber umso stärker. Ferner können Lernerfolge auch auf andere, ähnliche Situationen übertragen werden („Reizgeneralisierung").

1.2.2 Lernen am Modell

Lernen am Modell bedeutet Beobachtungslernen. Neben einzelnen Verhaltensweisen können auch ganze Verhaltensketten durch Kopieren eines Modells und durch anschließendes Imitieren gelernt werden. Von dieser lernpsychologischen Sichtweise ausgehend, gibt es nach Bandura (1963, S. 601-607) keine spezifischen Auslöser oder Triebe, die ein aggressives Verhalten hervorrufen, sondern diese sind, wie andere soziale Verhaltensweisen, erlernbar und damit auch verlernbar. Als Beispiel nennt er ein Experiment, in dem ein vierjähriges Kind in ein Zimmer mit verschiedenem Spielzeug (Puppen, Holzhammer, Autos etc.) geführt wurde. Dann wurde beobachtet, wie das Kind auf einen aggressiven Erwachsenen (das Modell) reagiert, der ein Spielzeug mit dem Holzhammer schlägt und dieses beschimpft. Anschließend wurde dem Kind das jeweilige Lieblingsspielzeug weggenommen.

Ein anderes Kind traf auf einen nicht-aggressiven Erwachsenen. Auch ihm wurde anschließend sein Lieblingsspielzeug weggenommen. Man konnte erkennen, dass die Kinder, die zuvor ein aggressives Modell erlebt hatten, auch insgesamt aggressivere Verhaltensweisen aufwiesen, als jene Kinder, die mit einem nicht aggressiven Modell konfrontiert wurden.

Dieser Versuch zeigt, dass Kinder durch die Fähigkeit der Beobachtung von aggressiven Modellen sehr schnell Verhaltensweisen kopieren und lernen, die sie vor der Beobachtung nicht kannten. Damit ist es in kurzer Zeit möglich, ein Verhaltensrepertoire zu erweitern und auch gänzlich zu ändern, besonders dann, wenn eine direkte Konfrontation mit einem aggressiven Modell stattfindet. Wie schon erwähnt, gilt das nicht nur für aggressives Verhalten, sondern für alle sozialen Verhaltenweisen.

Ob ein Modell nachgeahmt wird oder nicht, hängt nach Pilz (1982, S. 27) von unterschiedlichen Faktoren ab. Zunächst muss sich der Nachahmende mit dem Modell identifizieren können. Dabei spielen der Status, das Geschlecht und das Alter des Modells eine Rolle, aber auch das Aussehen und die persönliche Beziehung zum Modell. Ferner muss dem Modell eine bestimmte Kompetenz zugesprochen werden und der Nachahmende muss einschätzen können, inwieweit sich das Modellverhalten auf den eigenen Erfolg übertragen lässt.

Nolting (1997, S. 110) fasst den Unterschied zwischen Lernen am Erfolg und Lernen am Modell treffend zusammen, indem er ausführt: „Modelle lehren uns neue Verhaltensweisen; Erfolge lehren uns, Verhaltensweisen einzusetzen."

1.2.2.1 Aggressive Modelle vermittelt durch die Medien

Aggressive Modelle, vermittelt durch gewalttätige und aggressive Medien (zum Beispiel Computerspiele, Filme), stehen schon lange in Verdacht, Aggressionen zu schüren (siehe Interview S. 97) und wurden sogar schon als Vorbilder für reale Gewalttaten benutzt. In Experimenten (von Wood/Wong/Chachere 1991) wurde ein Zusammenhang zwischen Aggressionen und gewalttätigen Computerspielen sowie Filmen hergestellt. Dennoch kann man aus den Experimenten nicht unbedingt Rückschlüsse für den normalen Fernsehalltag ziehen, da sich die künstlich geschaffene Situation von experimentellen Studien nicht ohne Weiteres auf den Fernsehalltag projizieren lässt (vgl. Nolting 1997, S. 103). Ferner werden durch diese Experimente nur die kurzfristigen Aggressionen nachgewiesen, die langfristigen Einflüsse von aggressiven Modellen auf Verhaltensweisen sind jedoch weitaus weniger erforscht.

Zudem wirken unzählige Faktoren auf die aggressiven Verhaltensweisen ein wie zum Beispiel das familiäre Umfeld, der Gemütszustand oder das psychologische Gleichgewicht der betroffenen Person. Entscheidend ist sicherlich auch das Alter des Betrachters.

Es stellt sich aber auch die Frage, ob Fernsehen und Computerspiele aggressiv machen oder ob sich gerade aggressive Menschen bewusst für aggressive Modelle in den Medien entscheiden. Kleiter (1994) sieht hier eine Wechselbeziehung, die sich gegenseitig beeinflusst. Trifft diese Annahme zu, entscheiden sich aggressive Menschen für aggressive Medienmodelle und werden im Gegenzug von diesen beeinflusst, was ihre bereits vorhandene Aggression verstärkt.

Schwind/Baumann (1994 S. 20) sehen weniger die Gefahr direkter Nachahmungstaten durch aggressive Medienmodelle oder daraus resultierende Aggressionsschübe, sondern eher die Gefahr der Vermittlung von Gewalt als scheinbar funktionierendes, Problem lösendes Modell. Die Gewalt wird hiernach in den aggressiven Medienmodellen geschönt und als „cool" dargestellt. Dieses irreführende Modell wirkt auf ungefestigte, naive und zur Gewalt neigende Personen wie ein „Problemallheilmittel" und wird, wenn man nach der oben genannten Lerntheorie (siehe S. 24) geht, sogleich als ein ans Ziel führender Weg internalisiert. Als Konsequenz werden Hemmungen gegen aggressive Gewalt langsam verdrängt und abgebaut. Werte und Normen, beziehungsweise eine Art Ehrenkodex treten in den Hintergrund. Als Beispiel hierfür kann eine immer niedrigere Hemmschwelle bei der Ausübung von Gewalt beobachtet werden. So konstatiert der Präsident des Deutschen Lehrerverbandes Josef Kraus: „Die Gewaltbereitschaft unter Schülern hat enorm zugenommen. Es wird viel schneller und härter gedroht und zugeschlagen" (in: Der Spiegel 2006, Nr. 14, S. 30).

1.2.2.2 Aggressive Modelle in unserer Gesellschaft

Aggressive Modelle sind in unserer Gesellschaft bei näherer Betrachtung zahlreich gegenwärtig. Eltern, Lehrer und Erzieher aber auch jugendliche Altersgenossen[1] werden als vorbildliche, aggressive Modelle wahrgenommen. Sie geben soziale Verhaltensnormen vor, die ins eigene Verhaltensrepertoire aufgenommen und an andere Empfänger weiterver-

---

[1]   Aus formal-praktischen Gründen wird in dieser Arbeit nur die männliche Form genutzt, dieses schließt dennoch auch die weibliche Form mit ein.

mittelt werden. Das Weitergeben und Benutzen von solch aggressiven Modellen wird dann meist mit Anerkennung honoriert. In Jugendgruppen finden Gleichaltrige oft wichtige Vorbilder. Aus diesen Gemeinschaften können sie Selbstvertrauen und Selbstachtung ziehen. Wenn in diesem Zusammenschluss Aggressionen positiv bewertet und bekräftigt werden, kann das großen Einfluss auf das Gewaltverhalten jedes Einzelnen haben. Schließlich will man sich in die Gruppe einfügen und anpassen, um nicht als Außenseiter dazustehen. Wie zum Beispiel bei einer Jugendgruppe, die ihre Mitglieder erst dann anerkennt, wenn sie eine aggressive Aufnahmeprüfung als Demonstration ihrer Würdigkeit für die Gruppe ausgeführt haben.

1.2.2.3 Aggressive Modelle in der Familie

Kinder werden am intensivsten und zuerst durch ihr familiäres Umfeld geprägt. Eltern, Geschwister und enge Familienangehörige liefern diejenigen Modelle, die für das Kind im späteren Lebensverlauf die meiste Relevanz besitzen. Insbesondere sind folgende elterliche Erziehungsstile für aggressives, dissoziales und kriminelles Verhalten bedeutsam (vgl. Schwind/Baumann 1994 S. 19):

* Aggressivität;
* Übermäßige Strenge;
* Vernachlässigung/Desinteresse;
* Verwöhnung/übermäßige Permissivität;
* Wechselhaftigkeit/Inkonsistenz.

Diese Eigenschaften des Erziehungsstils sind nach Schwind/Baumann jedoch nur überwiegende Tendenzen und nicht völlig stabile Erziehungsmerkmale. Nach Schwind/Baumann (1994, S. 19) wirken sie nicht isoliert, sondern stehen in Wechselwirkung mit dem Interaktionsklima, Persönlichkeitsmerkmalen der Eltern und Kinder, ökonomischen und ökologischen Sozialisationsbedingungen sowie temporären oder permanenten Belastungen (zum Beispiel: Armut, Scheidung, Alkoholismus, Arbeitslosigkeit der Eltern).

So ist nicht verwunderlich, wenn Kinder, die von aggressiven Modellen in ihrem familiären Umfeld geprägt werden, diese Verhaltensweisen in der Schule an ihre Mitschüler weitergeben. Das Prinzip vom Erfahren, Aufnehmen, Aktivieren und Weitergeben von aggressiven Modellen funktioniert also in jeder Nische der Gesellschaft ähnlich.

1.3 Zwischenergebnis

Es gibt verschiedene Arten von Aggressionen. Die Erscheinungsformen, in denen sich Aggressionen äußern, können von der Gesellschaft gebilligt werden, wenn sie einen positiven Charakter aufweisen oder missbilligt werden, wenn sie negative Auswirkungen haben. Generell kann man Aggressionen in emotionale und instrumentelle Aggressionsformen aufteilen. Emotionale Aggressionen können zum Beispiel auf Wut beruhen. Darunter fallen Vergeltungs-, Frustrations- und Spontan-Aggressionen. Instrumentelle Aggressionen dagegen beruhen auf einer Intention wie zum Beispiel die Abwehr- und Erlangungs-Aggression.

Die Ursachen von negativen Aggressionen sind sehr vielschichtig und komplex. Sie können zum Beispiel durch falsche Erziehung, Probleme im Alltag oder durch ein individuelles Bedürfnis entstehen. Die Theorie der Erlernbarkeit von Aggressionen besagt, dass Aggressionen nicht zum Beispiel angeboren sind, sondern erst erlernt werden müssen. Dementsprechend kann man sie auch wieder verlernen. Aggressionen können entweder am eigenen Erfolg oder durch das Imitieren von Modellen gelernt werden. Aggressive Modelle können u.a. durch die Medien, die Gesellschaft oder die Familie vermittelt werden.

Einen Teilbereich von Aggressionen stellt die personale Gewalt dar. Dies ist die Gewalt, die - im Gegensatz zur strukturellen Gewalt - durch Personen ausgeübt wird. Aggressionen können ihrerseits ohne personale Gewalt auftreten, während personale Gewalt nie ohne Aggressionen entstehen kann.

2. Aggressionen und Gewaltprävention

2.1 Katharsis-Hypothese

Die Katharsis- (griech.: Reinigung) Hypothese geht davon aus, dass angestaute Aggressionen und Erregungen durch gezieltes Ausüben von aggressiven Handlungen (zum Beispiel durch das Boxen am Boxsack) abgebaut werden können. Entwickelt wurde sie ursprünglich von Dollard (1971).

2.1.1 Theorie der Katharsis-Hypothese

Nach der Katharsis-Hypothese vermindert jegliche Art und Weise der ausgeführten Aggressionen die Bereitschaft zur Ausführung weiterer Aggressionen (Ceh 1988, S. 27). Die ausgeführten aggressiven Handlungen stellen eine Art Ventil dar, welches die inneren Aggressionen kompensiert, beziehungsweise das Aggressionsbedürfnis sättigt und so das innere Gleichgewicht wieder herstellt. Demnach dient der Einsatz von gezieltem aggressiven Verhalten zur Aggressionsverminderung. Hacker (1973, S. 79) favorisiert die Katharsis-Hypothese mit den Worten: „Gesellschaftliche und sportliche Spielregeln kanalisieren und beschränken Aggressionen; die vorschriftsmäßig gestatteten Aggressionsäußerungen erfüllen die Funktion, unerlaubte Gewalt zu verhindern." Die Katharsis-Hypothese bringt hiernach also emotionale Erleichterung und schränkt aggressives Verhalten ein. Ferner wird auch dem Zusehen von aggressiven Aktivitäten (zum Beispiel Filme) eine Gewalt reduzierende Wirkung zugeschrieben.

Die bekanntesten Vertreter der Katharsis-Hypothese haben zur Überprüfung dieser allerdings keine Untersuchungen durchgeführt. In der Wissenschaft gibt es auch keine empirischen Forschungen, die eine solche Hypothese belegen. Im Gegenteil, zahlreiche Experimente unter anderen von Bushmann (2002) beweisen, dass durch das Äußern von aggressivem Verhalten das Niveau des Gewaltpotentials im Körper gestiegen ist.

Sipes (1973) untersuchte den Zusammenhang beziehungsweise den Einfluss von Kriegspielen und Kampfsport auf das Verhalten von mehreren Naturvölkern. Wenn die Katharsis-Hypothese zuträfe, müssten die aggressiven Impulse innerhalb der Stämme, die Kampfsport treiben, abnehmen, weil diese regelmäßig gezielt Aggressionen ausüben. Doch genau das Gegenteil war der Fall. Nach Sipes diente der Kampfsport zur Vorbereitung und zur Einübung anstatt zur Verhinderung von kriegerischen Handlungen.

Die Katharsis-Hypothese soll zwar eine Erklärung für das Auftreten und Eindämmen von Aggressionen darstellen, allerdings konnte dies bislang nicht mit Untersuchungen belegt werden. Ferner kann nicht logisch begründet werden, wie durch das alleinige Ausleben von Aggressionen eine längerfristige Verhaltensänderung erreicht werden kann. Aufgrund dessen und der genannten Forschungsergebnisse wird die Theorie des Ableitens von Aggressionen (zum Beispiel durch Sandsacktraining) und der damit verbundenen (vorbeugenden) Reduzierung von Aggressionen von wissenschaftlicher Seite zurückgewiesen.

2.1.2 Katharsis-Hypothese und Kampfkunst

Die Katharsis-Hypothese stützt sich auf mehrere Thesen. Zum einen, dass durch das Ausüben von aggressiven Handlungen vorhandene Aggressionen abgebaut werden und zum anderen, dass durch den Konsum von aggressiven Medien (zum Beispiel Filme) Aggressionen abgebaut werden. Diese Thesen hängen nicht unmittelbar miteinander zusammen. Denn es ist ein Unterschied, ob durch das *passive* Anschauen von gewalttätigen Filmen Aggressionen abgebaut werden oder durch das *aktive* Praktizieren von aggressiven Handlungen. In der Katharsis-Hypothese werden also passive und aktive Handlungen gleichgesetzt. So erscheint ein langfristiger Aggressionsabbau durch das Fernsehen ebenso unwahrscheinlich, wie durch eine kurze körperliche Auseinandersetzung [vgl. hierzu die Untersuchungsergebnisse von Bushmann (2002) und Sipes (1973)]. Ebenso wird bei der Katharsis-Hypothese nicht beachtet, warum eine Person zu Aggressionen neigt. Es werden somit nicht die Gründe der Aggression analysiert. Die Katharsis-Hypothese behandelt alle Aggressionsarten gleich. Es geht darum, die Aggressionen unkontrolliert herauszulassen („Dampf ablasssen"). In der Kampfkunst lernt man dagegen, seine Aggressionen zu kontrollieren. Sie werden gezielt und konstruktiv eingesetzt und nicht etwa unkontrolliert herausgelassen. Durch das systematische und kontrollierte Einsetzen der Aggressionen ist man einem unkontrollierten Gegner überlegen.

Ferner ist es dadurch auch möglich, dass durch *Kampfkunst* eine Verminderung der Aggressionen eintritt. Denn bei der Kampfkunst soll auch der geistige Teil des Menschen kontrolliert und gestärkt werden, was sich positiv auf sowohl auf die geistige als auch auf die körperliche Beherrschung auswirkt. Der *Kampfsport* dagegen erschöpft die Personen nur, was allerdings nicht bedeutet, dass man sich nicht auch dort beispielsweise konzentrieren muss oder gleichfalls Körperbeherrschung trainieren kann. Wenn aber eine Person frustriert ist, weil sie eine fünf in der Schule geschrieben hat, wird sie nach einer Stunde boxen am Sandsack nicht weniger frustriert sein, sondern nur erschöpfter. Dass Naturvölker, deren Existenz vom Kämpfen abhängt, nicht weniger aggressiv durch das Praktizieren und Trainieren von Kämpfen werden, macht Sinn. Schließlich sind für sie Aggressionen und vielleicht auch gewalttätige Auseinandersetzungen Teil der Kultur und notwendig für das Überleben.

Die Katharsis-Hypothese unterscheidet sich von der Kampfkunst also insofern, als dass bei der Kampfkunst gelehrt wird, sich sowohl geistig als auch körperlich unter Kontrolle zu haben und auf diese Weise seine Aggressionen zu beherrschen und konstruktiv einzusetzen. Bei der Katharsis-Hypothese geht es dagegen nicht darum zu lernen, sein Aggressionen zu kontrollieren; sie sollen lediglich „rausgelassen werden".

2.2 Soziologische Sichtweise des Labeling Approach (L.A.)

Eine andere Sichtweise, die bei der Gewaltprävention eine Rolle spielt, vertritt das so genannte Labeling Approach (L.A.). Hiernach wird die Sozialisation des jeweiligen Gewalttäter analysiert und für sein abweichendes Verhalten mit verantwortlich gemacht. Dem Gewalttäter werden Stigmata angeheftet und er verhält sich schließlich so, wie die Gesellschaft es von ihm „erwartet".

In seiner ursprünglichen Bedeutung wurde „Label" mit Fetzen oder Lumpen übersetzt. Später diente er als eine Art Synonym für den Zettel, auf dem Informationen standen und in heutiger Zeit kann man „Label" mit Kennzeichen oder Merkmal übersetzten. „Labeling" ist sozusagen eine Etikettierung und Kennzeichnung oder ein Objekt, welches mit einer Markierung versehen wird. Der „Labeling Approach" kam in den 50er Jahren auf und kennzeichnete eine kriminalsoziologische Strömung, deren Vertreter von der Norm abweichendes Verhalten (wie zum Beispiel verhaltensauffällige Aggressionen beziehungsweise Gewalt) als einen Etikettierungsprozess sahen, der von der Gesellschaft oktroyiert wird und von dem „Opfer" schließlich übernommen wird [Schneider (1999)].

Stephan Quensel (1970, S. 377 ff.) bedient sich folgenden Schemas um den L.A. darzustellen:

1. Abweichendes Verhalten

   Es wird zum Beispiel eine kleine Straftat begangen, um ein Problem zu lösen.

2. Stigma: „Brandmarkung"

   Dem Täter wird ein Stigma angeheftet.

3. Diskriminierung

   Dadurch ist er negativ behaftet und erfährt Diskriminierung.

4. Ausschluss aus der Gesellschaft

   Menschen mit solch einem Image finden in der Gesellschaft kaum noch Anschluss bei „normalen" Bürgern.

5. Rückzug in die Verbrecherrolle

   Schließlich verhält sich die ausgeschlossene Person so, wie es von ihr im negativen Sinne erwartet wird.

6. Desintegration/Desozialisation

   Damit wird es ihr immer schwerer, sich in die Gesellschaft einzufügen. Man entfernt sich regelrecht von ihr.

7. Kriminelle Karriere

   Dies scheint der desintegrierten Person der einzige Ausweg zu sein, um bestehen zu können.

Diese Phasen beruhen auf einer fehlgeschlagenen Interaktion zwischen den Jugendlichen und der Gesellschaft. Als Folge scheint die kriminelle Karriere eine logische Konsequenz.

Oft ist das anfängliche abweichende beziehungsweise kriminelle Verhalten nur ein Versuch, ein bestehendes Problem zu lösen. Bleibt das Problem dennoch bestehen und begeht die Person daraufhin weitere abweichende, dissoziale Handlungen, tritt damit meist auch die Stigmatisierung auf. Dieses führt dann zwangsläufig zu der genannten Verfestigung des Fehlverhaltens. Das oben angeführte Schema stellt dabei eine radikale Ausprägung des L.A. dar.

Nach Quensel (1970) reagieren die stigmatisierten Personen zumeist auf drei unterschiedliche Arten:

1. Sie versuchen das Bild, das andere von ihnen haben zu verbessern. Das ist jedoch nicht gleich und gelingt den Wenigsten, oder

2. sie ziehen sich zurück und resignieren, oder

3. sie entwickeln ein Selbstbild nach dem Stigma, um weiteren Diskriminierungen zu entgehen.

Das die Sozialisationsbedingungen entscheidend auf die Entwicklung des menschlichen Wesens wirken, ist wohl unbestritten. Ausgenommen von genetisch bedingten Störungen, die abnormales Verhalten hervorrufen können, sind Menschen geprägt durch die Interaktion von ihrer materiellen und sozialen Umwelt sowie durch ihre sozialen Kontakte und Bindungen, sprich ihrer Sozialisation.

In Bezug auf gewaltpräventives Training wird man es zumeist mit Jugendlichen zu tun haben, die aus sozial schwächeren Verhältnissen kommen. Diese Jugendlichen haben die Erfahrung gemacht, dass sie durch ihre Kleidung, ihr Benehmen und durch ihre Herkunft (durch ihre Sozialisation) von anderen Menschen in eine bestimmte Rolle gedrängt werden. Sie haben sich ihrer Rolle angenommen und diese verinnerlicht. Um gegen diese Rolle anzukämpfen und diese eventuell zu ändern, müssen sich die Jugendlichen ihrer, von der Gesellschaft zugewiesenen, Rolle zuerst bewusst werden. Dies ist in einer Gesellschaft mit einer strengen Rollenverteilung schwierig. Ihre Zukunftschancen auf eine andere Rolle sind bereits dadurch verringert. Ferner haben sie dadurch auch die oben angesprochene strukturelle Gewalt erfahren (siehe S. 22).

Natürlich kann man die Gesellschaft nicht vor Gericht anklagen, wenn es zum Beispiel heißt: „Der 17 jährige Murat hat wieder Kinder zusammengeschlagen". Der Täter, der in diesem Fall bestraft wird, muss „Murat" sein. Die Gesellschaft muss aber eine Ursachenbekämpfung angehen, denn wenn die Sozialisation im Stande ist, Personen in eine negative Richtung zu führen, so wird man im Umkehrschluss auch Sozialisationsbedingungen herstellen können, die Personen wieder sozial integrieren.

Dies ist eine wichtige Erkenntnis für den Umgang mit Jugendlichen in der gewaltpräventiven Arbeit. Hier müssen Jugendliche das erfahren, was ihnen in ihrer bisherigen Sozialisation möglicherweise verwehrt wurde. Nämlich, dass sie so behandelt und respektiert werden und ihnen die sozialen Werte zukommen wie allen anderen Menschen auch. Dies ist und muss eine grundlegende Voraussetzung sein, die beim gewaltpräventiven Training geschaffen werden muss. Die Verantwortung hierfür obliegt dem Trainer (Lehrer/Meister).

2.3 Umgang mit Aggressionen

Es gibt die vielfältigsten Erscheinungsformen und Arten von Aggressionen (siehe S. 14 ff). Was alle gemeinsam haben, ist das Ziel der Befriedigung eines Bedürfnisses. „Die Aggression ist somit kein Trieb im eigentlichen Sinne, sondern das unerlässliche Mittel jeder Triebregung. Diese ist an sich aggressiv, weil die Spannung zur Befriedigung drängt." (Reich 2000, S. 120). Doch je vielfältiger die Arten und Erscheinungsformen der Aggressionen sind, desto unterschiedlicher sind auch die Möglichkeiten ihrer Verringerung. Es lässt sich daher kein Pauschalurteil darüber fällen, wie man Aggressionen am besten mindern kann oder ob man sie überhaupt mindern soll. Begriffe wie „Aggressionsminderung" oder „Antiaggressionstraining" legen zwar die Vermutung nahe, dass eine Aggressionsminderung in unserer Gesellschaft erwünscht ist, es stellt sich jedoch die Frage, ob dies tatsächlich sinnvoll ist. Zudem ist der Begriff „Aggressionsminderung" irreführend, da man Aggressionen nicht mindern, sondern lediglich ihre Erscheinungsform modifizieren kann. Denn Aggressionen sind natürlich angelegt und auch notwendig, weil sie u.a. als Antrieb dienen, um Ziele zu erreichen. Aggressionen können also gleichermaßen zu konstruktiven wie zu destruktiven Handlungen genutzt werden.

Dennoch werden Aggressionen zumeist als etwas Böses dargestellt, das bekämpft werden muss. Bei dieser Darstellung vergisst man, dass die Fähigkeiten der Aggression der Menschheit schon seit Tausenden von Jahren das Überleben sichert und zur menschlichen Natur gehört. Dies wird oft verkannt, und Kinder und Jugendliche werden dazu erzogen, ihre Aggressionen zu unterdrücken, anstatt dass ihnen ein konstruktiver Umgang mit ihren eigenen und fremden Aggressionen beigebracht wird. Die damit intendierte gute Absicht, Gewaltprävention zu betreiben, erscheint langfristig als nicht wirksam, da Aggressionen - wie gesagt - in der menschlichen Natur angelegt sind. Zurück bleibt der Drang der Jugendlichen, sich beispielsweise durchzusetzen, was allzu oft zu dem führt, was eigentlich verhindert werden sollte, nämlich der Ausübung von Aggressionen und Gewalt gegen andere. Außerdem muss man sich bewusst machen, dass aversive Maßnahmen oft auch aversive Reaktionen bei der Gegenseite hervorrufen. Dies Verhalten endet dann oft in einem gegenseitigen „Hochschaukeln", bei dem jeder versucht, den anderen durch noch aversivere Reaktionen zum Nachgeben zu bezwingen („coercion" bei Patterson 1982).

Da Aggressionen also langfristig nicht unterdrückt werden können, sollte von einer so genannten Aggressionsminderung abgesehen und zu einem Verhalten gestrebt werden, das den Umgang mit Konfliktsituationen lehrt. Man sollte an die Konflikte herantreten und sich mit ihnen auseinander setzen, also „aggressiv" nach der oben genannten Definition werden (Siehe S. 13). Aggressionen können so produktiv genutzt werden, um den eigenen Standpunkt zu vertreten, ohne dass sie in unkontrollierte, emotionale Ausbrüche oder sogar in Gewalt enden. Um Aggressionen so zu nutzen, muss man sie aber erst objektiv und wertfrei als solche wahrnehmen. Dies ist der erste Schritt zur Selbstkontrolle.

Kampfkunst ist eine Möglichkeit, um den Umgang mit Aggressionen zu lernen und gewalttätigen Energien eine Richtung zu geben. Durch den Umgang mit Aggressionen in Kampfkunstsituationen lernt man die verschiedenen Aggressionsformen (emotional und instrumental) zu unterscheiden. Diese Einsicht hilft, Aggressionen auszuleben und für sich konstruktiv zu nutzen.

Denn wer es versäumt oder wem es verwehrt wird, den Umgang mit Aggressionen zu trainieren, egal in welcher Form oder mit welchem Weg (Do), wird es in unserer Gesellschaft schwer haben, sozialfähig zu bleiben.

2.4 Zwischenergebnis

Die Katharsis-Hypothese soll einen Ansatz zur Gewaltverminderung darstellen. Sie besagt, dass man aggressive Impulse in harmloser Form abreagieren soll, um einen Gewaltausbruch zu verhindern. Auf die verschiedenen Formen und Ursprünge der Gewalt wird hier nicht eingegangen. Die Aggressionshandlungen, die man nach der Katharsis-Hypothese ausführen soll, bringen zudem keine geistige Bereicherung (wie in einer Kampfkunst) mit sich. Die Folge ist eine körperliche Erschöpfung, die zwar im jeweiligen Augenblick einen Gewaltausbruch verhindert, aber längerfristig die Ursachen nicht behebt und damit den nächsten Gewaltausbruch nicht verhindern kann.

Eine andere Betrachtungsweise für das Auftreten von „negativen" aggressiven Verhaltensweisen behandelt die Theorie des soziologischen Labeling Approach. Diese geht davon aus, dass gewalttätiges Verhalten (negative Aggressionen) als Teil des Sozialisationsprozesses von der Gesellschaft selbst hervorgerufen wird. Damit werden Menschen von der Gesellschaft (von ihrer Sozialisation) zu „Gewalttätern" gemacht. Die Erkenntnis dieser Theorie muss im gewaltpräventiven Training zur einer Handlungsweise führen, die Jugendlichen eine positive Form der Sozialisation aufzeigt.

Grundsätzlich dürfen Aggressionen nicht als pauschal negativ bewertet und damit jegliches aggressive Verhalten unterdrückt werden. Denn Aggressionen gehören zur menschlichen Natur und haben auch wichtige Funktionen. Vielmehr muss der richtige Umgang mit negativen Aggressionen gelernt werden, damit diese Erscheinungsform in konstruktive, positive Aggressionen modifiziert werden kann. Eine solche Modifikation ist allerdings nur möglich, wenn der Aggressionsauslöser erkannt worden ist und auf ihn Bezug genommen wird.

3. Das Verhältnis zwischen Kampfkunst und Kampfsport

Der Begriff *Kampfkunst*, der sich aus den Wörtern „Kampf" und „Kunst" (die Fertigkeit) zusammensetzt, erscheint gleichwertig zu dem lateinischen Wort „Ars Martialis", was übersetzt für die Kunst des römischen Kriegsgottes Mars steht.

Traditionelle Kampfkünste entwickelten sich damals aus den Kriegstechniken. In der Kampfkunst wurde sowohl der Umgang mit diversen Waffen, als auch der waffenlose Kampf gelehrt und geübt. Ziel war jedoch nicht nur das Beherrschen der Waffen und der jeweiligen Techniken, sondern vor allem eine Selbstvervollkommnung, die zusammen mit dem Ausüben von religiösen beziehungsweise rituellen Praktiken erlangt werden sollte. Kampfkunsttraining und Charakterschulung wurden dabei immer als gleichwertig zu schulende, zusammengehörige Teile gesehen.

Moderne Kampfkünste, sowie moderne Interpretationen der traditionellen Lehren, werden zwar vor allem mit dem Ziel der körperlichen Ertüchtigung und der Selbstverteidigung ausgeübt, dennoch besitzt auch das geistige Element Bedeutung.

Dagegen liegt der eigentliche Fokus des *Kampfsports* in der generellen sportlichen Ertüchtigung, der Selbstverteidigung und besonders in dem Sieg bei Wettkämpfen. Des Weiteren sind die Techniken des Kampfsports vom Reglement abhängig, während die Techniken der Kampfkünste individuell angepasst werden können. Auch besteht in der Kampfkunst, sofern diese nicht in Wettkampfform ausgeübt wird, kein Erfolgsdruck oder ähnliche Zwänge. Sondern, es bestimmen die innere Harmonie, die Gesundheit und die geistige Entwicklung das Trainingsverhalten und die Handlungsstränge der Kampfkünste. Damit unterscheiden sich traditionelle Kampfkünste von reinen Kampfsportarten in ihrer Zielsetzung, obgleich bestimme Techniken miteinander übereinstimmen können. Die Grenzen zwischen Kampfkunst und Kampfsport gehen dabei fließend ineinander über.

Mit den nicht geistigen Zielsetzungen des Kampfsports (körperliche Fitness, Turniersiege, Gewichtsreduktion), die sich im Laufe der Zeit herauskristallisiert haben, wurde auch das geistige Element der Kampfkünste zunehmend entfremdet und vereinfacht (vgl. Cox 1978). Queckenstedt (1979, S. 7) spricht von einer „Versportung", bei der am Beispiel des Karate-Do die eigentlichen Intentionen und die wichtigen Aspekte verkürzt und ins Gegenteil verkehrt werden. So lautet der Leitspruch der Japan Karate Association: „Oberstes Ziel in der Kunst des

Karate ist weder Sieg noch Niederlage, sondern liegt in der Vervoll-kommnung des Charakters des Ausübenden." Dies trifft im alltäglichen Karatetraining jedoch zumeist nicht mehr zu. So kann man eine zuneh-mende Reduzierung des Karate-Do auf reines Wettkampfkarate beo-bachten (vgl. Wolters 1992, S. 101). Der Zweck des Gewinnens stellt sich über die philosophischen Grundsätze der Japan Karate Association. Pokale, Trophäen und Rankings rücken in das Zentrum des Bewusst-seins der Karateka und verdrängen Techniken, Werte und geistige Ein-stellungen, die im Wettkampf überflüssig erscheinen. Dies wurde in der traditionellen Karatewelt mit Missmut aufgefasst. Nakayama (1972, S. 11) sprach in Bezug auf das Gewinnen von Karatewettkämpfen von einer „Entartung".

Die Kämpfer, die dem Wettkampf zugewandt sind, sehen darin u.a. eine Möglichkeit, Techniken realitätsnah einzuüben und sich mit anderen Karateka in Bezug auf Leistung und Können zu messen. Nach Schreyer (1989, S. 23) sehen einige von ihnen traditionsreiche Karate-Do Anhänger als „Ewiggestrige, die sich im Rückwärtsdenken profilieren wollen."

Dennoch lässt sich eine solche Haltung gegenüber den traditionellen Kampfkünstlern nicht verallgemeinern und auch der Blickwinkel, mit dem der Kampfsport betrachtet wurde, hat sich geändert. Jakobi und Rösch (1978, S. 14-35) sehen im Leistungsaspekt des Sports eine breite Palette an Möglichkeiten, um physische und psychische Fähigkeiten zu verbessern.

Sogar Wettkämpfe erfüllen nach Heinemann (1980, S. 199 ff.) u.a. die wichtige Aufgabe, dem monotonen Alltag entgegenzuwirken und das Leben mit Risiko, Spannung und Abenteuer zu bereichern.

Die Fronten, die sich zwischen den Gruppierungen des Kampfsportes und der Kampfkunst aufgebaut haben, scheinen sich auf der traditionel-len Seite mit der Toleranz und der Erkenntnis abzubauen, dass der Kampfsport nicht notwendigerweise die gleichen Ziele verfolgen muss wie die Kampfkunst. Gerade ein „Nebeneinander" beider Richtungen in der Form einer friedlichen Koexistenz führt zu einer Bereicherung der Gesellschaft.

Croucher (1986, S. 31) differenziert beide Begriffe in der Weise, dass der Unterschied zwischen Kampfkunst und Kampfsport im geistigen Gehalt liegt.

Trotz dieser klaren Differenzierung der Begrifflichkeiten gibt es in der heutigen Zeit auch Mischungen aus Kampfsport und Kampfkunst, die in ihren Merkmalen beide Ideologien und Auffassungen des Kampftrai-nings vereinigen. Dies ist darauf zurückzuführen, dass jeder seinen eigenen Stil kreieren oder einen schon vorhandenen Stil weiterentwickeln kann. Richtlinien und Anforderungen, die erfüllt werden müssen, gibt es nicht. Damit wird die Welt der Kampfsysteme und Stile zwar immer komplexer und undurchsichtiger, aber auch vielfältiger und interessanter. Es ist daher nicht mehr möglich, zwischen den Begriffen der Kampfkunst und des Kampfsports eine undurchlässige Trennlinie zu ziehen. Betrachtet man beide Systeme allerdings in ihrer Reinform, so ist die von Croucher gebrauchte Definition sicherlich zutreffend (siehe hierzu auch S. 31).

Letzten Endes hängt es jedoch immer vom Lehrenden ab, in wieweit Kampfkunstprinzipien vermittelt werden und die Schüler geistig gefordert werden. Deswegen werde ich den Begriff der Kampfkunst im Folgenden als eine Kategorie für Systeme gebrauchen, in denen eine systematische Vorgehensweise in der Bewegungsausführung zu erkennen ist und in denen geistige Inhalte vermittelt werden können. Dazu gehören auch typische Wettkampfsportarten wie Judo, Taekwon-Do oder Boxen, denn das Ziel der geistigen Persönlichkeitsentwicklung kann mit einem kompetenten Trainer durchaus auch dort untergebracht und eingesetzt werden. Man muss nur mit Schwerpunkten und Trainingsmethoden arbeiten, die den geistigen Aspekt mit umfassen (beispielsweise können meditative Elemente in den Trainingsablauf eingebaut werden).

3.1 Bedeutung des Zen in der Kampfkunst

Die heutigen Kampfkünste entstanden zum Großteil aus Kriegstechniken. Die Idee dahinter war es, Kampfinstrumente wie Bogen, Pfeil und Schwert und auch die waffenlose Kampfkunst zu entfremden und als Hilfsmittel für die Meditation zu nutzen. Das eigentliche geistige Prinzip der Kampfkünste war also die Suche nach dem eigenen Selbst (vgl. Durix, in Deshimaru 1978, S. 9). Dabei sollte die Theorie des Zen und der Weg des Do genutzt werden, welche die eigentlichen Grundpfeiler des Budo[2] sind.

Zen ist die Abkürzung des Wortes Zena und bedeutet im Grunde nur Meditation. Wörtlich wird es mit „Versenkung" übersetzt. Zen ist die japanische Umschrift des chinesischen Begriffs „ch'an", was wiederum von dem Sanskritwort "djhana" abgeleitet wurde (vgl. Sargent 2001, S. 191). Zen ist eine Richtung des Buddhismus, deren Vorläufer sich im

---

2   Oberbegriff für die Gesamtheit der fernöstlichen Kampfkünste.

indischen Buddhismus entwickelten. In China erfuhr der Zen Buddhismus (hier heißt er Ch'an-Buddhismus) seine Ausprägung und verbreitete sich von dort aus nach Südostasien, Korea und schließlich nach Japan, wo er seinen Namen Zen-Buddhismus erhielt.

Die Meditationsschule des Zen-Buddhismus lehnt jede rationale Denkweise ab und findet die höchste Wahrheit und den Sinn des Daseins in der Meditation. Der Mensch muss seine „Buddha-Natur", seine Mitte finden. So sagt der alte Zen-Meister Dogen: „Zen ist ein Weg, der zum vollkommenen Frieden, zur Freiheit des Menschen führt" (in Deshimaru 1978, S. 153). Das wesentliche Ziel des Zen ist Satori (Erleuchtung), die Erfahrung des buddhistischen Erwachens. Auf dem Weg zu Satori muss der Körper frei gemacht werden von jeglichem diskursiven Denken und Nicht-Denken. Stress, Illusionen und auch Schmerzen werden hinter sich gelassen, um eine Harmonisierung von Körper und Geist zu schaffen und die Kraft des Lebens zu finden.

Eine ausführliche Erschließung des Begriffs Zen lässt sich allerdings nicht abschließend darlegen, da sich Zen ausschließlich durch die individuelle Einsicht und Erfahrung erschließen und erfahren lässt.

Auf die Budodisziplinen bezogen, stellt Deshimaru fest, dass die philosophische Lehre des Zen darauf ausgelegt ist „die Trennung von Geist und Körper, Äußerem und Innerem, Substanz und Erscheinungsform aufzuheben" (1978, S. 74). Körper, Geist und Technik sollen in sich verschmelzen und zur Selbstbeherrschung in jeder neuen Situation führen. Demnach sind die verschiedenen Techniken und Handlungen in der Kampfkunst nur Methoden und Wege (Do), etwas ganz und gar mit vollster Energie, Hingabe und vollstem Verstand zu lernen. Jegliche Emotionen, Zögerungen und Gedanken müssen abgeschaltet werden. Deshimaru sieht in Zen die Tötung des Geistes, so dass man „von Augenblick zu Augenblick vollkommen aufmerksam ist" (1978, S. 93). So wird die Kampfkunst an sich eine eigene meditative Handlung, die in ihrer Perfektion einen Trance ähnlichen Bewusstseinszustand erreicht.

3.2 Bedeutung des Do in der Kampfkunst

Der japanische Begriff Do heißt übersetzt soviel wie Weg, Lehre, Methode oder Philosophie und entstammt aus dem Zen-Buddhismus. Es gibt verschiedene Wege (Do), Zen zu üben und auszudrücken. Die verschiedenen *Do*-Künste wie zum Beispiel Ju*do*, Aiki*do* oder Ken*do* haben jeweils ihren eigenen Do als Zen-Praxis.

Im Zentrum des Do steht in der Kampfkunst eine Übung. Das Ziel ist jedoch nicht, die Übung oder die Bewegung zu perfektionieren, das ist nur ein gewünschter Nebeneffekt, sondern der Weg (Do). Die Geisteshaltung, die man beim Üben mit völliger Hingabe verfolgt und einnimmt, bilden das Zentrum, das Sein, des Do. Nur durch das Beschreiten dieses Weges ist man in der Lage, sein eigenes Potential zu erkennen und an Bewusstsein und Erkenntnis zu gewinnen. Die Kampfkunst T'ai Chi beispielsweise wurde mit ihren geschmeidigen, sanften und ineinander übergehenden Bewegungen von Tegner (1975, S. 54) als eine „aktive Meditation" bezeichnet. Nach Tegner liegt die Meditation also bereits in der Ausübung der Kampfkunst des T'ai Chi. In den meisten anderen Kampfkünsten liegt die Meditation jedoch nicht in ihrer Ausübung selbst, sondern wird davor oder danach vollzogen. Nach Tegner würde es sich hierbei um eine „passive Meditation" handeln.

Deshimaru (1978, S. 82) sagte: „ Do, der Weg, ist also die Art und Weise zu Leben, die Lehre für das Ich, der Weg, um seinen Geist tiefgründig zu verstehen." Daraus lässt sich herleiten, dass Do mehr ist, als ein Weg, den man geht, sondern dass sich dahinter eine ganze Lebenseinstellung und sogar eine Weltanschauung verbirgt.

In der Lebenseinstellung/-philosophie, die vom Geist des Zen und Do dominiert werden, ist „ der Alltag der Ort des Kampfes" (Deshimaru 1978, S. 65). Das heißt, man soll jeden Augenblick, jedes Tun und Handeln ganz bewusst und mit voller Konzentration und Aufmerksamkeit erfahren und vollziehen, um daraus die Lebenskraft zu ziehen und den Geist tiefgründig zu verstehen.

3.3 Die Bedeutung der Etikette in der Kampfkunst

Ein wichtiger Bestandteil der Kampfkunst besteht aus der Etikette, welche den Schülern bestimmte Werte und Regeln vermitteln. Die Werte werden oft symbolisch weitergegeben. Mit dem Benutzen der symbolischen Etikette identifiziert sich der Schüler mit der Kampfkunst, zeigt seine Anerkennung dieser und die damit verbundene Einhaltung der Werte und Regeln der jeweiligen Kampfkunst.

Die Verbeugung beim Verlassen und Betreten des Raumes ist ein typisches Beispiel dieser Etikette. Sie ist ein symbolisches Zeichen für die

Verehrung der Trainingsstätte. Die Verbeugung ist aber auch ein Zeichen innerer Sammlung und man bekundet hierdurch seine Bereitschaft und den Willen, sein Bestes zu geben. Des Weiteren ist es für die verbeugende Person auch das Zeichen Alltagssorgen abzustreifen, Privatgespräche einzustellen und sich jetzt voll und ganz dem Training, dessen Zielen und dem eigenen Körper zu widmen.

Enger körperlicher Kontakt ist in den meisten Kampfkünsten unerlässlich. Aus diesem Grund nehmen auch Körperhygiene und saubere Kleidung einen hohen Stellenwert ein. Schmuck, Fuß- und Fingernägel stellen ein Verletzungsrisiko dar und müssen abgelegt beziehungsweise geschnitten werden. Bei Kampfkünsten, die barfüßig trainiert werden, sollten aus Respekt vor dem Gegenüber vor dem Training die Füße gewaschen werden.

Das Begrüßungsritual wird in den einzelnen Kampfkünsten zum Teil unterschiedlich gehandhabt. Im Ju-Jutsu knien alle Teilnehmer in einer Rangreihenfolge dem Trainer gegenüber. Nach einer kurzen Meditation mit geschlossenen Augen, gibt der Trainer das Kommando zum Aufstehen und man verbeugt sich zuerst vor dem Trainer, dann vor den Mittrainierenden und im Anschluss noch mal vor den (auch fiktiven) Zuschauern. Auf diese Weise zollt man sich gegenseitigen Respekt und drückt Reife und Ernsthaftigkeit aus.

Die Verbeugung findet man während des Trainings durchgängig wieder. Vor jedem Anfang und Ende von Partner- und Kampfübungen signalisiert die Verbeugung dem Partner, dass man gewillt ist, rücksichtsvoll, fair und nach sportlichen Regeln zu trainieren. Nach hartem, produktivem Training drückt sich in der Verbeugung die Dankbarkeit aus, die man dem Partner entgegenbringt. Beim Boxen findet man den symbolischen Wert einer Verbeugung in Gestalt von einem gemeinsamen Faustschlag gegen die jeweils andere Faust des Partners wieder.

Hirsch (2003) weist darauf hin, dass solche Rituale immer wieder auf ihre Einhaltung hin überprüft werden müssen. Gegebenfalls muss eine Bestärkung dieser Etikette stattfinden oder auch eine Sanktionierung bei mehrmaliger Nicht-Einhaltung dieser.

Zur Etikette gehört weiterhin, dass während der Übungseinheiten keine Privatgespräche oder Störungen jeglicher Art stattfinden. Korrekturen und Hilfestellungen vom Meister sind stets mit der ritualisierten Dankesbekundung der Verbeugung entgegenzunehmen, schließlich drückt der Lehrer seinerseits durch Korrekturen und Hilfestellungen seine Wertschätzung gegenüber dem Lernenden aus. Die Wertschätzung, Anerkennung und der Respekt, die dem Meister entgegengebracht werden, resultieren aus seinem Erfüllen der Ansprüche der Schüler in technischer, intellektueller und pädagogischer Hinsicht. Die Autorität, die der Meister genießt, stammt dabei aus seiner Kompetenz und nicht aus restriktiven Trainingsmethoden.

Die Etikette in den Kampfkünsten stellt also ein grundlegendes Prinzip dar, um den Umgang mit Normen und Werten und die ihnen zugrunde liegende Moral zu vermitteln und dadurch bedeutende Charaktereigenschaften zu entwickeln und zu schulen (Hirsch 2003, S. 8). Dies gilt natürlich nicht nur im schulischen Bereich, sondern gerade auch in Jugendzentren, die mit gewaltpräventiven Zielen arbeiten.

3.4 Zwischenergebnis

Die Unterscheidung von Kampfsport und Kampfkunst geht oft nahtlos ineinander über. Dies ist darauf zurückzuführen, dass es in der heutigen Zeit eine Vielzahl von neueren Kampfstilen und Systemen gibt, die die Zuschreibungskriterien von Kampfsport und Kampfkunst gleichermaßen erfüllen. Zudem können Kampfstile, wie zum Beispiel Karate, als Sportart oder als Kampfkunst oder auch als Kampfsport und Kampfkunst mit gleichem Trainingsanteil betrieben werden. Dies hängt davon ab, in welchen Bereichen die Trainingsschwerpunkte und -ziele gesetzt werden. Das heißt, es liegt an jedem selbst beziehungsweise am Trainer zu bestimmen, welche Art des Kampfes trainiert wird. Zwar kann man scheinbar traditionelle Kampfstile wie Boxen dem Kampfsport und zum Beispiel Aikido der Kampfkunst zuordnen, dennoch muss dies nicht der Fall sein. Ob ein Kampfstil dem Kampfsport oder der Kampfkunst zugerechnet wird, hängt vielmehr von den Zielen des jeweils Trainierenden ab. Die Ziele eines Kampfstils können in verschiedenen Schulen variieren und müssen somit nicht zwangsläufig identisch sein.

In der Kampfkunst ist Zen ein Zweig des Buddhismus, der die Konzentration betont und hierin die höchste Erfüllung findet. Do, der Weg, gibt die Art und Weise wieder, wie diese höchste Erfüllung erlangt werden kann. Allerdings gibt es nicht nur einen Weg (Do), sondern viele Wege, die zum Zen führen.

Die Etikette betrifft die Umgangsformen und das Erscheinungsbild des Kampfkünstlers. So sind Körperhygiene, saubere Kleidung und kurz geschnittene Fingernägel (aufgrund der Verletzungsgefahr) Bestandteile der Etikette. Aber auch Respekt, Höflichkeit, und Hilfsbereitschaft sind u.a. grundlegende Elemente jeder Etikette.

4. Kampfkunst als Präventivmittel gegen Gewalt

Dass ausgerechnet Kampfkünste in der Gewaltprävention eingesetzt werden sollen, wo anscheinend doch gerade hier Aggressionen und Gewalt ausgeübt werden, klingt für den Laien paradox. Vorurteile und negative Einzelbeispiele bezüglich der Kampfkünste, die u.a. durch die Medien propagiert werden und dadurch oft einen medienwirksamen aber realitätsfremden Charakter aufweisen, können sich so in den Vorstellungen der Bürger unreflektiert festsetzen. Goldner (1992, S. 213) fragt rhetorisch: „Wozu soll ein Sport gut sein, dessen Wesentliches darin besteht, andere niederzuschlagen und niederzutreten." Andere Auffassungen bestätigen, dass durch Kampfkunst und Kampfsport verhaltensauffällige Jugendliche erst die „richtigen Schlägertechniken" lernen und dadurch noch gefährlicher werden. Nach weiteren Ansichten werden Minderwertigkeitskomplexe durch Härte und Körperstärke kompensiert. Gekoppelt mit diesen Vorstellungen sind dann oft auch die Erwartungen, mit denen Kinder, Jugendliche und Erwachsene an die Kampfkunst herantreten, überzogen. Sie glauben, sich durch einen dreiwöchigen Selbstverteidigungskurs realistisch verteidigen zu können oder durch das Karatetraining den „Nimbus" der Unbesiegbarkeit zu erlangen.

Kampfkünstler, die sich intensiv mit der Gesamtheit ihrer Kunst auseinander gesetzt haben, werden allerdings feststellen, dass Vorurteile und populistische Äußerungen dieser Art keinen Bezug zur tatsächlichen Wirklichkeit in der Kampfkunst haben. Sondern, dass die Kampfkunst ein niemals endender Weg ist, sich selbst zu bezwingen.

4.1 Kampfkunst in der Jugendarbeit

Wenn man auf Jugendliche Einfluss nehmen möchte und als Modell anerkannt werden will, ist es erforderlich, einen ganzheitlichen Zugang zu ihnen zu schaffen. Dies fällt leichter, wenn sich die Jugendlichen bereits für eine Thematik interessieren, da sie dann aus eigenem Antrieb handeln. Des Weiteren müssen sich die Schüler mit dem Trainer und seinen Zielen identifizieren können (siehe S. 25). Das heißt im Umkehrschluss, dass der Trainer seine Trainingseinheiten den Bedürfnissen und Interessen der Trainierenden anpassen muss. Sobald der Lehrer den Schülern, die freiwillig mitmachen, ausschließlich seine eigenen Ziele oktroyiert, ohne auf die Bedürfnisse der Jugendlichen einzugehen, wird das Konzept langfristig nicht aufgehen, da sich die Jugendlichen dann nicht ausreichend respektiert fühlen und die Intention des Trainers durchschauen werden.

4.1.1 Kampfkunst und soziales Verhalten

Ein Vorteil von Kampfkünsten ist, dass sie einen hohen Beliebtheitsgrad unter Jugendlichen genießen. Das Interesse und die Begeisterung sind eine große Chance, den Kontakt zu ihnen herzustellen. Diese Chance muss genutzt werden, um ihre Vorstellungen und Bedürfnisse wie Spaß, Selbstverwirklichung und kommunikativem Zusammensein zu erfüllen und einzubinden. Gleichzeitig muss der Trainer dafür sorgen, dass an die Trainingsteilnahme bestimmte Regeln und soziale Verhaltenweisen geknüpft sind (siehe S. 41), die einen reibungslosen Ablauf und die Förderung der Ziele von dem Trainer und von den Schülern garantieren. Der Trainer lehrt die Jugendlichen somit nicht nur die Kampfkunst, sondern auch soziale Regeln, die für ein Bestehen in der Gesellschaft unerlässlich sind. Durch diese Verbindung der Kampfkunst mit sozialen Regeln ist es der Kampfkunst möglich, sozial auffälliges Verhalten zu modifizieren. Es existiert eine Art Ehrenkodex, der es verbietet, Gewalt gegen schwächere Partner auszuüben und verlangt, angemessen auf die Handlungen des Trainingspartners zu reagieren.

Die Suche beziehungsweise die Stabilisierung der eigenen Identität nimmt dabei eine Schlüsselfunktion in jugendlichem Verhalten ein und kann erklären, warum das soziale Verhalten teilweise nicht ausgeprägt ist. Heranwachsende erfahren oft in der Schule aber auch in der Gesellschaft, was sie nicht können, nicht aber was sie können. In wirtschaftlich und sozial schwachen Gegenden bieten sich für Jugendliche kaum noch Möglichkeiten, sich positiv durch etwas zu beweisen oder in einer Sache zu „glänzen". Als Ersatz bleibt der eigene Körper, der als „Sozialisations-Kapital" modelliert wird, um mit großen Muskeln einen Status und Rang in der Clique[3] und der Gesellschaft einzunehmen. Oder er wird gewinnbringend bei Schlägereien eingesetzt. Beides zeigt eine spezifische Suche nach der eigenen Identität und ist Teil einer Identitätsentwicklung, die sich allerdings in eine negative Richtung bewegt.

---

[3] Zusammenschluss von Jugendlichen als Gruppe (Freundeskreis).

Kampfkunst bietet hier nicht nur die Möglichkeit, seine eigene Identität zu entdecken, sondern geschulte Trainer sorgen auch dafür, dass sich diese Identitätsentwicklung in eine sozialverträgliche Richtung bewegt. Der Trainer trägt also einen maßgeblichen Teil dazu bei, dass Kampfkünste förderlich auf die soziale Entwicklung wirken. Das Modell des Meisters muss die Suche nach einer Autorität und das Aufzeigen von klaren Werten, die Orientierung schaffen, erfüllen. Denn die sozialen Richtlinien und Verhaltensweisen, an die man sich im Training halten muss, sind auch fundamentale Grundlagen unserer Gesellschaft und damit auch Grundlage einer jeden Erziehung. Viele Kinder aus sozial schwachen Familien haben eine solche Erziehung nie genossen.

Die pädagogische Rolle und Aufgabe des Trainers steht in diesem Zusammenhang besonders im Vordergrund, denn die Jugendlichen brauchen keinen „Fachmann von Kampfsporttechniken", sondern jemanden, der auf sie menschlich eingehen und vermitteln kann. Dass sich die Schüler auf Dauer auf den Meister und dessen kontinuierliche Lehrstunden verlassen können und Vertrauen zu ihm fassen, ist für viele eine gänzlich neue Erfahrung und gibt ihnen auch in anderen Lebenssituationen Halt.

4.1.2 Vorteile der Kampfkunst

Kuhn (1994, S. 488) hat zusammengefasst warum Kampfkunst so sinnvoll für junge Menschen ist:

- Körperliche Aktivität, Kondition und Fitness;
- Sicherheit und Orientierung durch klare Werte;
- Selbstbewusstsein durch Stärke und Technik;
- Fähigkeit zur Selbstverteidigung;
- Stabilisierung (traditioneller) männlicher Identität durch Aggression, Körperkraft und Konkurrenz;
- Raum für das Erleben und Ausleben eigener aggressiver Impulse;
- Suche nach einer starken möglicherweise auch fördernden Autorität.

Kuhn (1994, S. 492) sieht aus diesen Gründen in den Kampfkünsten erhebliche Vorteile in der Jugendarbeit, die in ihrer Gesamtheit in anderen Sportarten so nicht gegeben sind:

- Kampfkunst setzt an den Stärken von Jugendlichen, ihrem Erlebniswunsch und Bewegungsdrang an;
- Kampfkunst bietet einen ganzheitlichen Zugang im Sinne von Körper-Seele-Geist-Einheit;
- Kampfkunst ermöglicht direkte Erfolgserlebnisse über Körper- und Technikbeherrschung;
- Kampfkunst bietet einen geschützten Erfahrungsraum zum Erleben verdeckter Gefühle und dem Umgang mit Angst, Wut oder Unsicherheit;
- Jugendliche lernen am Modell, am Vorbild des Lehrers;
- Kampfkunst fördert soziales Lernen, insbesondere Rücksichtnahme, Respekt, Verantwortung für sich und andere;
- Kampfkunst ermöglicht ein positives Verhältnis zu Autorität, im Sinne der ursprünglichen Wortbedeutung von „vermehren, fördern" und zu entwickeln.

Heranwachsende müssen lernen, mit ihren Aggressionen umzugehen und Grenzen auszutesten. Sie brauchen das körperliche Kräftemessen, um „Nähe und Distanz" als Teil ihrer Identität zu erfahren (vgl. Pilz, in: Neumann 2004, S. 18). Kampfkünste schaffen hierfür die passenden Rahmenbedingungen. „Weiche" Kampfkünste wie Judo und Aikido eignen sich durch das Wegfallen von schwierig zu kontrollierenden und schmerzhaften Atemitechniken[4] besonders für Kinder. Sind die Kinder zu problematischen Jugendlichen herangewachsen, ohne die Erfahrungen von Raufen und Ringen gemacht zu haben, wird diese Art des Kämpfens und Kräftemessens oft als nicht „hart genug" und als uneffektiv abgetan[5]. Diese Jugendlichen wird man in Bezug auf Gewaltprävention nicht mit meditativen Kampfkunstformen, Katas[6], traditionellen

---

4   Schlag-, Tritt-, und Stoßtechniken.

5   Zu unrecht, denn Kämpfkünstler, die ab einer gewissen Ebene Judo- und Kickboxwettkämpfe bestritten haben, wissen, dass sich diese beiden Kampfstile in ihrer Härte nichts nehmen.

6   Als Kata bezeichnet man eine Kür mit festgelegten Abläufen von Techniken.

Tierbewegungen des Kung Fu oder durch Atemtechniken des Tai Chi befriedigen können. Der intellektuelle Anspruch und die geistige Reife, den diese Formen den Übenden abverlangen, würden die Jugendliche überfordern. Außerdem würde man ihrem Bedürfnis und ihrer Vorstellung, nämlich dem Üben von Atemitechniken und dem Trainieren vom aktiven Zweikampf nicht nachkommen. Vielleicht würde man ihre Wünsche sogar ignorieren oder als zu gefährlich abtun. Was zur Folge hätte, dass sich die Problemgruppe nicht als akzeptiert und den Trainer damit nicht mehr als passendes Modell für ihre Ziele sehen würde.

Die pädagogische Kunst eines Lehrmeisters liegt jetzt darin, eine „harte" Kampfkunst wie zum Beispiel das Thai Boxen so zu vermitteln, dass die Heranwachsenden lernen, jede ihrer körperlichen Handlungen und jede ihrer Emotionen im Sparring[7] vollständig zu kontrollieren. Denn wenn man seine Emotionen und Handlungen unter Kontrolle hat, wird man sich auch nicht mehr durch blinde, unkontrollierte Gewalt leiten lassen.

Der soziale und kultivierte Umgang mit bestimmten Aggressionsformen soll erprobt und erfahren werden. Schüler werden feststellen, dass sie mit dem Beherrschen ihrer Aggressionen mehr erreichen, als mit der Aufgabe jeglicher Steuerungsmechanismen. Durch diese Einsicht lassen sich unnütze und brachiale Aggressions- und Gewaltformen besser enttarnen und objektiv bewerten. Dies ist ein geistiger Erfolg, der zu einer entsprechend positiven Verhaltensänderung führen wird. Kampfkünste führen zu einer erhöhten Aufmerksamkeit in Bezug auf den eigenen Körper und die eigenen Verhaltensweisen. In Perfektion heißt dies, dass sich Geist, Köper und Seele vereinigen.

Letzten Endes man hat das geschafft, was in der Kampfkunst als eines der höchsten Ziele angesehen ist, nämlich der Sieg (Kontrolle) über sich selbst. Mit welchem Weg (Do) man das schafft, ob mit Judo oder Thai Boxen, bleibt sekundär.

4.2 Kampfkunst als Präventivmittel

Bei dem Einsatz von Kampfkünsten im Bereich der Gewaltprävention gibt es unterschiedliche Probleme, auf die die Verantwortlichen hingewiesen werden müssen und die sie in ihren Trainingseinheiten berücksichtigen müssen.

---

[7]   Übungs-Zweikampf.

4.2.1 Hinweise zur Arbeit mit Jugendlichen

Wer mit Jugendlichen arbeitet, muss generell darauf achten, dass Jugendliche anders motiviert werden müssen als Erwachsene. So sind Jugendliche zwar begeisterungsfähiger, verlieren aber auch schneller das Interesse, wenn sich beispielsweise keine schnellen Erfolge einstellen. Der Trainer muss daher im Blick haben, dass er die Jugendlichen häufiger und andauernder als Erwachsenen motiviert, zum Beispiel durch Lob und Aufmerksamkeit (vgl. Interview S. 97). Ferner haben Jugendliche eigene Vorstellungen in Bezug auf ihre Freizeitgestaltung, die der jeweilige Trainer bei seinem Trainingsprogramm berücksichtigen muss. Hier muss der Trainer auf die individuellen Bedürfnisse der jeweiligen Gruppe eingehen und beispielsweise vermehrt Bewegungsreize setzen, wenn die Jugendlichen in einer bewegungsarmen Umgebung leben.

Ein Problem, das immer häufiger in der Jugendarbeit eine Rolle spielt, ist, dass sich Kinder und Jugendliche nicht längerfristig auf einen Gegenstand beziehungsweise eine Thematik konzentrieren können. Dies ist nicht nur im Sport, sondern auch in der Schule spürbar. Die Anzahl der Reize und Möglichkeiten, die sich den Heranwachsenden in der heutigen Zeit bieten, überlasten und überfordern sie oftmals. So haben viele Jugendliche nicht gelernt, Entscheidungen zu treffen und wollen möglichst alle Gelegenheiten ausschöpfen, um nichts zu verpassen. Dieses Verhalten spiegelt sich dabei in allen Lebenslagen wieder, angefangen beim Fernsehen, wo durch ständiges „zappping"[8] jede Form der intensiven Informationsaufnahme verhindert wird. Dabei verlernen sie regelrecht, sich tiefgründig und intensiv auf Thematiken einzustellen. Die Folge ist ein flüchtiges und sprunghaftes Leben, das von Unsicherheit und von der Jagd nach immer neuen Reizen gekennzeichnet ist. Hier gilt es, im Kampfsport anzusetzen und Reize so zu positionieren, dass sich Trainingserfolge einstellen und damit die Motivation gestärkt wird. Während des Trainings muss so die ganze Aufmerksamkeit der Übenden in Anspruch genommen werden.

Denn wirkliche Lernerfolge, egal welcher Art, lassen sich nur durch konsequentes, regelmäßiges Üben, durch geduldiges Verfolgen der Ziele über einen längeren Zeitraum und durch geistige beziehungsweise körperliche Anstrengungen verwirklichen. Diese Tugenden gehören gerade zu den denjenigen, die in unserer schnelllebigen, reizüberfluteten und vergnügungssüchtigen Welt immer mehr in den Hintergrund gedrängt werden, weil sie keine schnellen, unmittelbaren Erfolgserlebnisse ver-

---

[8]   Amerikanischer Slang für das schnelle Wechseln der Fernsehkanäle.

sprechen. Eine grundlegende Aufgabe der Pädagogik besteht daher darin, diese Tugenden wieder neu aufzuzeigen und den Schülern zu der Erkenntnis zu verhelfen, dass sich wahre Anstrengung in ihrem Leben mehr auszahlt und auf lange Sicht befriedigender wirkt, als kurze vergängliche Erfolgserlebnisse, die nur ein Minimum an Aufwand benötigen. Genau diese Tugenden sind es, die insbesondere bei Kampfkünsten wie Karate, Judo, Aikido oder Ju-Jutsu gefordert und gefördert werden. Egal bei welcher dieser Kampfkünste, überall muss sich der Schüler ein Ziel stecken und dieses mit den genannten Tugenden verfolgen. Nur so lassen sich ein höherer Grad beziehungsweise eine dunklere Gürtelfarbe und eine zum Erfolg führende Technik erlernen. Das Lernen und Einüben von Kampfkunsttechniken erfordert Eigenschaften (wie Ausdauer, Zielstrebigkeit, Mut, Beständigkeit, Hilfsbereitschaft, Respekt, Toleranz und Fairness), die dem Übenden in seiner Persönlichkeit und seinem Selbstwertgefühl bestärken und ihn auch in anderen Bereichen der Gesellschaft bestehen lassen. Da gerade Jugendliche in ihrer Persönlichkeit noch empfänglich sind und Hilfe und Unterstützung bedürfen, muss man ihnen diese Eigenschaften nahe bringen.

Volker Hirsch (2003, S. 7) beleuchtet zwei weitere grundlegende Situationen, die bei Jugendlichen zu beachten sind. So ist nach Hirsch die zunehmende Gewaltbereitschaft unter Jugendlichen das Produkt aus Angst und Schwäche. Der teils bewusst gesuchten, teils vermeintlichen Provokation oder Bedrohung des Selbstwertgefühls begegnen Jugendliche häufig mit verbaler oder körperlicher Aggressivität, um von ihren Unsicherheits- der Minderwertigkeitsgefühlen abzulenken oder diese zu überspielen.

Des Weiteren können nach Hirsch bereits vorhandene Minderwertigkeitsgefühle bei gegenwärtiger Aggression zur so genannten „Opferrolle" führen. Äußerlich sichtbare Signale der Opferrolle sind u.a. eine leise, unsichere Stimme, das „Sich-klein-Machen" und unsichere Bewegungen. Ein vermeintlicher Aggressor wird testen, wie weit er gehen kann, wenn er keine eindeutigen Stopp-Signale erfährt.

Nach Hirsch lassen sich beide Situationen lösen, wenn die beteiligten Personen durch gezieltes Selbstverteidigungstraining bestärkt werden. Nach seinen Erfahrungen führt ein koedukatives Gruppentraining zu mehr Achtung, Toleranz und Respekt, als wenn man Jungen und Mädchen nach ihrem Geschlecht aufteilt. Zudem sollen diese Schüler durch den Trainer eine Bestärkung des „Egos" erfahren, indem sie ernst genommen werden und ihnen gezeigt wird, dass sie wichtig sind und etwas Wertvolles können. All jenes dient dazu, einen respektvollen und friedlichen Umgang miteinander zu erreichen, denn „*die hohe Kunst der Kampfkünste ist eigentlich das Nichtkämpfen*" (Hirsch 2003, S. 7).

4.2.2 Hinweise bei der Anwendung von Kampfkunst

Kuhn (1994, S. 493 f.) weist hier auf bestimmte Aspekte hin, die bei der Vermittlung der Kampfkunst an Jugendliche beachtet werden sollten. So ist das Studium der Kampfkünste auf Dauer angelegt und tendenziell ein Leben lang. Dies steht in offensichtlichem Gegensatz zum kurzfristigen Charakter der Jugendarbeit und befristeten Angeboten.

Kuhn weist zudem auf die Wichtigkeit von qualifizierten Lehrkräften in der jeweiligen Kampfkunst hin. Er sieht die Gefahr der Überbetonung von Kraft und Technik und Vernachlässigung der geistig-spirituellen Entwicklung und Kompetenz. Die Qualifikation von Lehrpersonen ist in allen Bereichen ob Schule, Universität oder Sportverein der Schlüssel zum erfolgreichen Lernen. Dennoch bedarf es speziell beim Lehren von Kampfkünsten im gewaltpräventiven Bereich, einer jahrelangen Kampfkunst-Ausbildung sowie pädagogisches Können. Theoretiker, die zwar das Prinzip von „hundert Techniken" erklären, sie aber noch nie in realitätsbezogenen Situationen angewendet haben oder anwenden können, werden von Jugendlichen, die realitätsbezogene Selbstverteidigung lernen wollen, nicht ernst genommen werden. Denn die Autorität eines Lehrers stützt sich auf sein fachliches Können und die Anwendbarkeit seiner Lehren. Des Weiteren muss sich der Trainer bewusst sein, dass gerade im gewaltpräventiven Bereich die Vermittlung von sozialen Werten eine hohe Wichtigkeit besitzt, da die Jugendlichen oft aus sozial schwachen Strukturen kommen.

Als Resultat der Verknüpfung von Technik und Kraft sowie eines geistig-spirituellen Aspekts wird eine Steigerung der sozialen Kompetenz festzustellen sein und Raum für neue Einsichten geschaffen werden.

Bei der Kampfkunst muss sich der Lehrende weiter darüber bewusst sein, dass die Grenze zwischen „*Zumuten und Zufügen*"[9] ein sehr schmaler Grat ist, der nicht überschritten werden darf. Die Differenzierung zwischen Treffen und Verletzen muss den Lehrenden und Lernenden

---

[9] Vgl:www.gim-goettingen.de/pdf/pub/Aggression_statt_Gewalt_
Manuskript.pdf.

immer bewusst sein. Denn das Dojo[10] soll einen geschützten Erfahrungsraum darstellen, in dem Jugendliche zwar ihren Körper entdecken, verdecke Gefühle erleben und neue Verhaltensweisen erproben sollen (Kuhn 1994, S. 492), dies darf aber nicht zu Lasten anderer Teilnehmer geschehen. Hier ist ein sensibles Gespür des Trainers gefordert, der eine Überschreitung dieser Grenzen erkennen und dementsprechend handeln muss. So können Körpertreffer, die schmerzen und auch „blaue Flecke" dann zumutbar sein, wenn die Intention des Trainingspartners den Trainingszielen dient. Nur wenn sein Handeln somit dem Ziel dient, einen Trainingsfortschritt und eine Verbesserung der Trainingsbeziehung zu schaffen, wird der Geschädigte die Schmerzen nicht als *„Zufügen"* im Sinne von Gewalt verstehen, sondern als *„Zumuten"* im Sinne einer kleineren Trainingsverletzung, die bei einem Training nie gänzlich ausgeschlossen werden kann. Wenn der Verursacher jedoch mit niederen Zielen, wie der Demütigung beziehungsweise der seelischen und körperlichen Verletzung des Trainingspartners handelt, liegt es am Trainer, konsequent und aufklärend einzugreifen.

Damit dem Partner aber so wenig Schmerzen wie möglich zugemutet werden, ist es wichtig, dass der Lehrer seinen Schülern zwar einerseits zeigt, Techniken wie zum Beispiel Fauststöße und Fußtritte dynamisch und kraftvoll auszuführen. Andererseits sollen die Schüler sie aber auch so kontrolliert ausführen, dass der Partner nicht getroffen wird und die Technik kurz vorher abgestoppt wird. Da Personen höchst individuell auf Hebel und Würger reagieren und gerade Anfänger nicht abschätzen können, wann ein Hebel zieht und wann nicht, ist es ferner wichtig, Hebel und Würger langsam anzuziehen und ein Klopfzeichen zu vereinbaren, welches dem aktiven Partner signalisiert, dass die Technik wirkt und eingestellt werden soll.

Gerade Kampfkunsttechniken, die in sich ein hohes Risiko an Verletzungen bürgen, benötigen einen verantwortungsvollen Lehrer, dem die Übenden vertrauen und der es schafft, den Trainierenden Werte, wie zum Beispiel Verantwortungsbewusstsein, Fairness und Respekt zu vermitteln. Diese in der Kampfkunst benötigten Eigenschaften gekoppelt mit Rücksicht und vorausschauendem Handeln sind die Grundpfeiler jeder wertvollen Erziehungsarbeit. Aus den genannten Erkenntnissen erschließt sich, dass man in den Kampfkünsten einen sehr hohen pädagogischen Anspruch findet, dem ein guter Lehrer gerecht werden muss.

---

[10]   Halle/Raum, in dem Kampfkünste praktiziert werden.

4.2.3 Gefahren bei der Anwendung von Kampfkunst

Kuhn (1994, S. 493 f.) sieht auch die Gefahren der Kampfkunst. So kann die pädagogische Intention der „friedensfördernden Absicht" möglicherweise nicht in jedem Einzelfall verwirklicht werden. Der Jugendliche lernt dann nur noch effektiver zuzuschlagen. Eine weitere Gefahr liegt auch darin, dass mit Kampfkunst ein soldatisches, hartes Männer- und Menschenbild propagiert werden kann. Schließlich können durch die Kampfkunst überkommene Rollenklischees gefördert werden, wenn die Darstellung des Mannes als „einsamer, unbesiegbarer Held" verstanden wird.

Diese Gefahren entspringen jedoch nicht aus der Kampfkunst an sich, sondern aus einem falschen Verständnis der Kampfkunst. So können die genannten Gefahren nicht als Folge der Kampfkunst, sondern als Scheitern des Lehrenden zu sehen sein, der seine Ziele nicht erreicht hat oder von Beginn an die falschen Ziele verfolgt hat.

Natürlich sind Kampfkünste kein hundertprozentiges Heilmittel, welches zwangsläufig zu einer Minderung der Gewaltausübung führt. Dennoch können mit kompetenten Lehrenden Weichen gestellt werden und richtungweisend die Normen und Werte einer sozialen Gesellschaft aufgezeigt werden.

Ob die Jugendlichen die soziale Komponente der Kampfkunst verinnerlichen und sich auch außerhalb des Dojos daran halten, lässt sich im Vorfeld nicht pauschal für jeden Einzelnen beantworten, aber die Chancen für den Großteil, der mit kompetenter Betreuung trainiert, sind erfolgversprechend. Leider gibt es ebenso viele Kampfkunstschulen, die gerade mit dem Bild des „harten Kämpfers" werben, sämtliche Ideale außer Acht lassen und bei naiven und leicht begeisterungsfähigen Jugendlichen auf Zustimmung stoßen. Dem gilt es etwas entgegenzusetzen, um den Heranwachsenden und dem Ruf der Kampfkünste nicht zu schaden. Beispielsweise könnten in besonders gefährdeten Stadtteilen kompetente Trainer ein günstiges Training in Jugendzentren anbieten. Dass solche Projekte erfolgversprechend sind, zeigt das Projekt „Körper unter Kontrolle" im Jugendzentrum Hannover-Döhren (Siehe S. 71).

4.3 Zwischenergebnis

Die Kampfkunst bietet Jugendlichen die Möglichkeit, ihren Charakter, ihre sozialen Fähigkeiten und ihre körperliche Fitness positiv weiter zu entwickeln. Ein gewaltpräventiver Ansatz in der Kampfkunst liegt u.a. in dem Umgang und der Kontrolle der eigenen Aggressionen. Die durch Partnerarbeit gewonnene Einsicht der Rücksichtnahme, das Erfahren von persönlichen Erfolgen auf sportlicher und sozialer Ebene und das Ausleben von inneren Bedürfnissen schaffen die Rahmenbedingungen für einen geistigen Reifungsprozess. Die Schüler lernen ihren eigenen Körper besser kennen und können sich mit einer Sache identifizieren, die ihnen Rückhalt und Selbstvertrauen im Leben gibt. Kampfkunst kann die jugendliche Suche nach einer Identität befriedigen und durch die Zuverlässigkeit des ständigen Trainings einen Pol der Sicherheit und des Vertrauens schaffen.

Durch Kampfkunst können essentielle Werte, Regeln und Normen unserer Gesellschaft praktisch vermittelt und eingeübt werden. Junge Menschen lernen, sich in eine Gruppe zu integrieren und anzupassen. Die Beherrschung des eigenen Körpers und der Emotionen werden vernetzt mit dem geistigen Zuwachs auf sozialer Ebene. Mit dem Lernen an und von dem kompetenten Modell des Meisters bietet Kampfkunst eine Richtlinie in vielerlei Hinsicht, an der sich Heranwachsende orientieren können. All diese Errungenschaften der Kampfkunst bilden eine wichtige Voraussetzung für die Prävention von gewalttätigem Verhalten.

Damit Kampfkunst als gewaltpräventive Möglichkeit genutzt werden kann, müssen jedoch alle Rahmenbedingungen erfüllt werden. Der Meister muss dafür sorgen, dass die für die Gewaltprävention nötigen Voraussetzungen geschaffen und eingehalten werden. Dies setzt voraus, dass der Lehrer um die Voraussetzungen weiß und das Ziel der Gewaltprävention vertritt. Er trägt somit die Hauptverantwortung und die alleinige Handlungskompetenz für das Gelingen eines gewaltpräventiven Ansatzes. Des Weiteren muss er die Fähigkeit haben, dieses Ziel zu vermitteln, und er muss von den Heranwachsenden als Modell akzeptiert werden. Erfolgsbestimmend ist außerdem die Nachhaltigkeit des Trainings, denn Kampfkünste müssen über Jahre hinweg regelmäßig geübt werden, damit sich die entsprechenden Erfolge einstellen.

5. Kampfkunst in der Schule:
Eine didaktische Analyse anhand des Ju-Jutsu

5.1 Elemente und Prinzipien des Ju-Jutsu

Der Name Ju-Jutsu leitet sich vom Japanischen „Ju" ab, was soviel bedeutet wie „sanft" (nachgeben, ausweichen oder anpassen). „Jutsu" bedeutet in etwa „Kunst" oder „Kunstgriff". Daraus lässt sich herleiten, dass Ju-Jutsu soviel heißt wie die Kunst des Nachgebens, die sich die Kraft des Gegners zunutze macht (Deutscher Ju-Jutsu-Verband 1999, S. 4). Dies bedeutet, dass Ju-Jutsu ein ökonomisches Prinzip ist, bei dem ein minimaler Aufwand einen maximalen Nutzen tragen soll. Falls es erforderlich ist, kann ein Angriff aber auch direkt mit einer „harten" Atemi-(Schock-) Technik abgewehrt werden. Wie schon erwähnt, lassen sich die Techniken in einem beliebigen Grad an Härte demonstrieren. Dabei ist die Härte nicht maßgeblich verantwortlich für den Erfolg, sondern die korrekte Technikausführung. Dieses Prinzip ermöglicht es auch schwächeren Personen, ihren Nutzen aus dem Ju-Jutsu zu ziehen und sich wirksam gegen kräftigere Gegner zu verteidigen. Die Techniken des Ju-Jutsu sind zum größten Teil speziell für die Verteidigung bestimmt und sollen so trainiert werden, dass sie im Fall eines Angriffs reflexartig abgerufen werden können.

5.1.1 Geschichtliche Hintergründe des Ju-Jutsu

Anfang des 20.Jahrhunderts kamen mit den Handelsbeziehungen zu Japan auch die ersten asiatischen Kampfkünste nach Deutschland. Erich Rahn war der erste Deutsche, der in Berlin um 1906 eine Jiu-Jitsu Schule errichtete. In den 30er Jahren etablierte sich dann das Judo in Deutschland und setzte sich als Wettkampfsystem erfolgreich gegen das, mehr in die Selbstverteidigung gehende, Jiu-Jitsu durch. Ab den 50er Jahre folgten dann weitere Kampfkünste wie Karate, Aikido oder Taekwon-Do. In den 60er Jahren suchte man schließlich eine neue Kampfkunst, ein System, dass den immer raffinierteren Angriffen und der wachsenden Gewaltbereitschaft gerecht werden sollte.

So erhielten hochgraduierte Dan-Träger unter der Schirmherrschaft von Franz Josef Gresch und Werner Heim den Auftrag, eine neue Kampfkunst zu konzipieren, die den Anforderungen einer modernen Selbstverteidigung entsprechen sollte. Dementsprechend wurden die wirkungsvollsten Techniken aus Aikido, Karate und Judo zusammengestellt. Im Jahr 1969 wurde dieses neue System in Deutschland eingeführt und erhielt den Namen Ju-Jutsu.

Da Ju-Jutsu kein starres System sein sollte, sondern eine flexible Kampfkunst, die sich mit dem Lauf der Zeit mitentwickelt, wird Ju-Jutsu je nach Dringlichkeit ergänzt. So trat am 1. Januar 2001 eine neue Prüfungsordnung ein: „Das Ju-Jutsu 2000". Das bisherige Programm wurde reformiert, die Graduierungsstufen wurden methodischer aufgebaut und mit neuen Techniken, wie jene aus dem Wing Tsun, ergänzt.

5.1.2 Ju-Jutsu heute

Heute ist Ju-Jutsu eine moderne Selbstverteidigung, bei der besonderer Wert auf die Praxisnahe und realistische Anwendung der Techniken gelegt wird. Dabei ist diese Kampfkunst relativ leicht erlernbar, zweckmäßig und äußerst effektiv.

Wie oben bereits genannt, ist Ju-Jutsu eine Kampfkunst, die aus verschiedenen Kampfkünsten entwickelt wurde, um die zweckmäßigsten Techniken zusammenzufassen. Neben den Grundelementen der Bewegungsformen, Falltechniken, Tritten, Stößen und Schlägen, finden sich auch Würge- und Hebeltechniken wieder.

Diese Vielzahl der Techniken kann je nach Situation und Bedarf in sehr „harter- zerstörerischer" Form oder auch in „sanfter-weicher" Form angewendet werden. Der Verteidiger hat hierbei die Möglichkeiten, den Angriff zu differenzieren und eine dementsprechend, im Rahmen der Notwehr, angemessene Verteidigung auszuwählen.

Die einzelnen Techniken sind jedoch nur ein Teilgebiet des Ju-Jutsu. In das Ju-Jutsu System wurden extra entwickelte Festhalte-,Aufhebe-,Transport- und Nothilfetechniken einbezogen. Zudem werden im Ju-Jutsu Grundlagen der Konfliktbewältigung und Selbstbehauptung ohne körperliche Gewalt sowie juristische Gesetzmäßigkeiten der Notwehr gelehrt.

Neben dem Zweck der reinen Selbstverteidigung gibt es im Ju-Jutsu aber noch diverse Wettkampfformen wie zum Beispiel das „Fighting System", in dem Kämpfer gleicher Gewichtsklasse, ausgerüstet mit Schutzkleidung, gegeneinander antreten, um ihren Kontrahenten nach Punkten zu besiegen oder ihn zur Aufgabe zu bezwingen. Es wird im Leichtkontakt gekämpft, erlaubt sind Schläge, Tritte, Hebel, Würfe, Würger und Haltegriffe. Dies ermöglicht einen realitätsnahen Kampf, in dem jedoch schwere Verletzungen durch das Regelwerk ausgeschlossen sind.

Ju-Jutsu ist eine Kampfkunst, die sowohl auf alten traditionellen Erkenntnissen, als auch auf modernen Erkenntnissen beruht und somit eine neue, praxisnahe und vielfältige Selbstverteidigung darstellt, weshalb sie auch Bestandteil der Polizeiausbildung ist.

5.2 Kampfsport in der Schule

Die Schule ist ein Ort, der besonders von Gewalttätigkeiten und dem Verlust von Moral und Respekt gegenüber anderen Personen betroffen ist (vgl. hierzu die aktuelle Tagesberichterstattung, zum Beispiel: Der Spiegel 2006, Nr. 14, S. 22 ff.). Gründe hierfür können u.a. schlechte Zukunftsperspektiven, fehlende Integration in der Gesellschaft und mangelndes Selbstvertrauen sein (siehe S. 14 ff.). Einen möglichen Ansatz, um dieser Entwicklung zu begegnen, bilden asiatische Kampfkünste, die als Selbstverteidigungskurse für Schüler eine Aufwertung des Selbstwertgefühles sowie die Vermittlung von verloren gegangenen Werten wiederherstellen sollen. In diesen Kursen sollen die Schüler Prinzipien aus der Kampfkunst lernen und erfahren, nicht um als Kämpfer ausgebildet zu werden, sondern um sich den eigenen körperlichen und geistigen Stärken bewusst zu werden und dadurch Konfliktsituationen souverän zu umgehen. Das Selbstwertgefühl trägt einen entscheidenden Anteil zu einer zufriedenen und stabilen Persönlichkeit bei. Wer mit sich selbst zufrieden ist, sicher auftreten kann und um seine Schwächen und Stärken weiß, hat es nicht nötig, mit anderen in gewalttätigen physischen Kontakt zu treten.

Natürlich kann das Erlernen einer Kampfkunst keine Wunder vollbringen und aus allen Schülern starke Persönlichkeiten formen, aber es kann einen Teil dazu beisteuern. Es wäre daher sinnvoll, auch in Schulen Kampfkunstkurse anzubieten, um der oben beschriebenen negativen Entwicklung entgegen zu wirken

Schüler der IGS Garbsen üben das Kämpfen (Randori) am Boden.

Der Schüler zeigt eine Haltetechnik in Kreuzposition (Yoko-shiho-gatame).

Der Schüler zeigt eine Haltetechnik in seitlicher Position (Kesa-gatame).

5.2.1 Grundsätze und Bestimmungen für Kämpfen im Schulsport

Mit der Einführung der Erfahrungs- und Lernfelder ist auch die Kampf-kunst ein Stück weit näher an den Schulsport gerückt. Das Land Nieder-sachsen gibt dabei keine speziellen Kampfkünste oder Kampfsportarten vor, sondern bezieht sich in den „Grundsätzen und Bestimmungen für den Schulsport, 1998" nur auf deren Inhalte und Ziele und gibt Hinwei-se, auf die die Lehrer besonders zu achten haben.

Das Lehren von Kampfkünsten setzt eine höchst intensive Auseinander-setzung mit der Thematik voraus, wenn nicht sogar einen höheren Dan Grad[11] in der zu lehrenden Kampfkunst.

Das „Kämpfen" wird durch die „Grundsätze und Bestimmungen für den Schulsport, 1998" als eine direkte körperliche Auseinandersetzung mit dem Partner charakterisiert, in der es gilt, eine sportlich geregelte Kampfsituation mit vorrangig körperlichen Mitteln, insbesondere durch Kraft, Geschicklichkeit, aber auch durch Technikkönnen zu überwinden: „Die körperliche Nähe der Beteiligung, die erforderlichen Berührungen, das Erspüren der eigenen Kraft und der Kraft (...) des Partners führen zu einer auch emotional intensiven Auseinandersetzung." (Grundsätze und Bestimmungen für den Schulsport, 1998).

So hat der Lehrer unbedingt darauf zu achten, dass der sportliche Kampf als verantwortungsvolle, kultivierte Auseinandersetzung erfolgt und dass die Möglichkeit einer schädigenden Handlung nicht als legitim, fehlgedeutet wird. Im Mittelpunkt steht das Erfahren von spielerisch-sportlichen Kampfsituationen und das Ausschließen von jeglichen kör-perlichen Verletzungen der Schüler.

5.2.2 Aufgaben des Schulsports

Das niedersächsische Kultusministerium sieht im Schulsport die Mög-lichkeit, fachliche Aufgaben mit erzieherischen Aspekten so zu verknüp-fen, wie es der Bildungsauftrag, der aus den Jugendlichen vollwertige Mitglieder der Gesellschaft machen möchte, verlangt. Der Schulsport hebt sich dabei durch die „emotional intensiven Formen der Auseinan-

---

[11] Dan Grade sind Meister Grade der Kampfkunst, die oft durch die Gürtelfar-ben Schwarz oder Rot-Weiß gekennzeichnet sind.

dersetzung"[12] sowie durch vielseitige sinnliche Erfahrungsmöglichkeiten von anderen Fächern ab.

Mit dem Vermitteln einer Bewegungskultur lernen Schüler eine Vielfalt an „Sinnorientierungen, Konzepten, Handlungsformen und Sportarten" kennen. Durch die Schulung des eigenständigen Handelns, die es erlaubt Spiele und Formen abzuwandeln und weiter zu entwickeln, werden Schüler befähigt „ im Prozess des ständigen Wandels der Bewegungskultur mitzuwirken." Je nachdem wie der jeweilige Schwerpunkt gesetzt wird, soll der Schulsport auch Faktoren wie „Gesundheits-, Sozial-, Umwelt-, und Freizeiterziehung" abdecken.

5.2.3 Ziele des Schulsports

Der Schulsport soll mit der „Differenzierung von Bewegungsfähigkeiten" und der „Gestaltung eines eigenen Bewegungslebens" einen Beitrag zur „körperlichen, kognitiven, emotionalen und sozialen Entwicklung" für den Heranwachsenden leisten. Die Hauptziele, die durch den Schulsport gefördert werden sollen und die den Schülern einen „Zugang zur Bewegungskultur erschließen sollen", lassen sich in drei Kompetenzen widerspiegeln:

- Sachkompetenz;
- Selbstkompetenz;
- Sozialkompetenz.

Diese Kompetenzen zeigen in ihrem Zusammenschluss das Grundelement einer starken Persönlichkeit und geben dem Schüler die Fähigkeit, sich jeglichen neuen Gegebenheiten anzupassen und neue Herausforderungen selbstständig zu bestehen. Sie werden anschließend durch Feinziele näher erläutert, die dann auf die Kampfkunst Ju-Jutsu übertragen werden.

---

[12] Im Folgenden wurde auszugsweise zitiert aus „Grundsätze und Bestimmungen für den Schulsport 1998".

5.2.3.1 Sachkompetenz

Die Sachkompetenz[13] ist eine der drei Kompetenzen, die besonders durch den Schulsport gefördert werden soll. Sie umfasst insbesondere das spiel-, bewegungs-, körper-, und sportbezogene Können und Wissen sowie darin gründende Urteilsfähigkeiten.

5.2.3.1.1 Feinziele der Sachkompetenz

Die Feinziele der Sachkompetenz[14] erläutern die Sachkompetenz näher. So sollen die Schüler dahingehend gelehrt werden, dass sie:

- ihr Bewegungskönnen und ihre Leistungsfähigkeit unter verschiedenen Sinnorientierungen erweitern und verbessern;
- Bewegungen und Bewegungsgestalten verbessern;
- in Spiel und Wettkampfsituationen überlegt handeln;
- ihr Bewegungsrepertoire dadurch erweitern, dass sie eigene Bewegungs- und Ausdruckformen entwickeln und einüben sowie sich mit neuen Formen der Bewegungskultur auseinandersetzen;
- Einzelheiten und regelhafte Zusammenhänge von Bewegungsabläufen erkennen, auf eigene Bewegungserfahrungen beziehen und bei der Bewegungsausführung nutzen;
- ihren Körper beim Bewegen wahrnehmen, seine Reaktionen verstehen und bei der Gestaltung ihrer Bewegungsaktivitäten berücksichtigen;
- ökologische und ökonomische Aspekte von Bewegungsaktivitäten erkennen und die gewonnenen Einsichten im Bewegungshandeln berücksichtigen;
- Musik und Rhythmus in Bewegungen umsetzen.

---

[13]   Definition aus: Grundsätzen und Bestimmungen für den Schulsport, 1998, S. 8.
[14]   Feinziele aus: Grundsätze und Bestimmungen für den Schulsport, 1998, S. 8-9.

Bei der Übertragung der Feinziele auf die Kampfkunst Ju-Jutsu sind die besonderen Eigenarten dieser Kampfkunst zu beachten.

5.2.3.1.2 Übertragung der Feinziele der Sachkompetenz auf Ju-Jutsu

Speziell im Ju-Jutsu ist es im Bodenkampf wichtig, nicht nur zu sehen, was der Partner macht, sondern auch zu fühlen, wohin er seinen Druck und sein Gewicht verlagert, um entsprechend angepasst zu reagieren. Beim Treten ist ein außerordentliches Balance- und Körpergefühl notwendig, welches durch regelmäßiges Training geschaffen und erhalten wird. Bei gefährlichen Techniken, wie dem Würgen, müssen alle Sinne auf den Partner und dessen Reaktionen auf die Würgetechnik fokussiert werden. Damit auf diese Weise gelernt werden kann, wie der Würgegriff am besten wirkt und wie der Partner diese Technik unbeschadet übersteht.

Bei wettkampforientierten Spielen im Ju-Jutsu gewinnen meist die Schüler, die es schaffen, die Techniken richtig abzurufen und miteinander zu kombinieren, die situationsspezifisch verlangt werden. Auf diese Weise können die motorischen Fähigkeiten und Bewegungsgestalten entweder unbewusst durch Spiel und Wettkampfsituationen verbessert werden oder auch bewusst, wenn man nur eine spezielle Techniken für den Wettkampf einübt.

Durch Eigeninitiative, Kreativität und Anwenden des Gelernten werden Schüler ermutigt, sich zu eigens ausgedachten Angriffen, Abwehrkombinationen einfallen zu lassen, die in ihrer Ausführung in der Selbstverteidigung oder im sportlichen Wettkampf funktionell anwendbar sind.

Nur wenn man verstanden hat, wie einzelne Hebel ablaufen und wenn man verstanden hat, wie die Anatomie von den gehebelten Gelenken funktioniert, ist man in der Lage, dieses Wissen auf alle Hebel anzuwenden und für sich zu nutzen. Gleichzeitig erfährt man, in wieweit man seine eigenen Extremitäten bewegen muss, damit ein Hebeln erschwert oder unmöglich gemacht wird.

Je länger Ju-Jutsu betrieben wird, desto eher wird man auch ökologische und ökonomische Aspekte verstehen und in den eigenen Bewegungsapparat einbauen. Ökologische Aspekte, d.h. Aspekte, die Beziehungen zur Außenwelt beschreiben, sind zwangsläufig ein Lerngegenstand von Kampfkünsten, da der eigene Körper immer eine Beziehung mit der Außenwelt eingehen muss, um entsprechend auf Angriffe zu reagieren.

Die Zweckmäßigkeit von ökonomischem Bewegungshandeln wird man erst nach längeren Trainingseinheiten verstehen und nach intensivem Training umsetzen können. Ein typischer Anfängerfehler beim Boden-kampf ist es, zuviel Kraft und Energie in einer kurzen Zeit aufzubringen und freizusetzen. Mit der Zeit lernt man, seinen eigenen Energiehaushalt zu regulieren und Techniken nur mit der nötigsten Energie durchzuset-zen. Andernfalls wird eine Ausweichtechnik ausgewählt, um Kraft und Energie zu sparen, die eventuell später noch gebraucht wird.

Im Ju-Jutsu gibt es weiter eine Art des Technikvergleichs, die sich „For-menwettkampf" nennt. Hierbei gilt es, die beste Ju-Jutsu Kombination zu prämieren. Die Ju-Jutsuka treten dabei in Gruppen von zwei bis fünf Personen auf, die eine selbst ausgedachte Technik und/oder Kampffrei-henfolge mit oder ohne Musik demonstrieren. Diese Art der Technikvor-führung eignet sich auch für die Schule, insbesondere für fortgeschritte-ne Lerngruppen. Sie umfasst selbstständiges und kreatives Arbeiten. Zudem müssen die Schüler ihr Tempo und ihren Rhythmus dem Takt der Musik anpassen, so dass sich zum Schluss ein einheitlicher, synchro-ner Bewegungsablauf präsentiert.

5.2.3.2 Selbstkompetenz

Die Selbstkompetenz[15] umfasst insbesondere die Fähigkeit zum selbst-ständigen und selbstbewussten Einbringen individueller Erwartungen an und in Bewegungsdarstellungen sowie zum Übernehmen von Ver-antwortung.

---

[15]   Definition aus: Grundsätzen und Bestimmungen für den Schulsport, 1998, S. 9.

5.2.3.2.1 Feinziele der Selbstkompetenz

Nach den Feinzielen der Selbstkompetenz[16] sollen die Schüler lernen:

- eigene Handlungsideen zu entwickeln und kreativ ausformen;
- eigene Maßstäbe für ihr Bewegungshandeln setzen und sich anderen Maßstäben stellen;
- mit Angst in Bewegungssituationen umgehen zu lernen;
- die eigene Leistung realistisch einzuschätzen, zu verbessern suchen und die Ursachen für Erfolg und Misserfolg zu erkennen sowie als Quelle von Selbstvertrauen zu erfahren;
- sich mit Idealvorstellungen von Bewegung auseinanderzusetzen, das eigene Bewegungskönnen darauf zu beziehen und zu verbessern trachten sowie eigene Bewegungsentwürfe zu entwickeln;
- Sensibilität für den eigenen Körper zu entwickeln und in situationsgerechtes Handeln umzusetzen;
- eine reflektierte Einstellung zu den Erscheinungsformen des Sports, seinen Begleiterscheinungen und der Präsentation in den Medien entwickeln.

5.2.3.2.2 Übertragung der Feinziele der Selbstkompetenz auf Ju-Jutsu

Trainingsformen im Ju-Jutsu verlangen ein großes Maß an eigener Kreativität und Bewegungsvorstellung. Schüler sollen sich gegen vorgegebene Angriffe realistische Abwehren einfallen lassen und diese realitätstreu vorführen. Hier setzen sie ihre eigenen Maßstäben an ihr Bewegungshandeln und müssen gleichzeitig auf die vorgegebenen Angriffe eingehen. Mehr Spontaneität und Kompetenz des Bewegungshandelns wird den Schülern abverlangt, wenn sie sich gegen Angriffe verteidigen müssen, deren Verlauf sie nicht kennen. Handlungsideen und Bewegungsmuster müssen schnell, fast reflexartig, hervorgerufen und angewendet werden, aber dennoch so kontrolliert ausgeführt werden, dass der Partner nicht verletzt wird.

Ängste in Bewegungssituationen kommen in fast allen Sportarten vor, in deren Bewegungsabläufen ein Verletzungsrisiko steckt. Diese Ängste

---

[16]   Feinziele aus: Grundsätze und Bestimmungen für den Schulsport, 1998, S. 9.

können nur abgebaut werden, indem der Schüler eine Herangehensweise, ein Muster lernt, wie er an schwierige Bewegungssituationen oder Abläufe heranzutreten hat und so eine Bewältigung dieser erreicht. Hat der Schüler seine Angst überwunden, ist dies gleichzeitig ein Erfolgserlebnis, was Selbstvertrauen schafft.

Bei schwierigen Techniken schafft eine Zerstückelung und das Einüben der einzelnen Teilkomponenten eine Sicherheit. Die Schüler erfahren die Technik in kleinen lernbaren Einheiten, die am Ende zu einer Komponente zusammengefasst werden. Das gedankliche Durchdringen und Verstehen einer Technik, die zuvor eine große Unbekannte darstellte, ist das psychologische Hindernis, das überwunden werden muss.

Selbstkompetente Feinziele, wie eine realistische Selbsteinschätzung oder das Streben nach einer Idealbewegung sind im Ju-Jutsu, wie auch in jeder anderen Sportart, ein selbstverständliches Ziel, welches durch den Trainer gefördert werden muss. Wichtig dabei ist, dass man den Schülern nach einer Präsentation Zeit lässt, um sich selbst einzuschätzen und eventuell gemachte Fehler selbst herauszufinden. Ferner ist es notwendig, ihnen eine visuelle Form des Idealbildes zu präsentieren, an dem sie sich orientieren können.

Durch die eigene Kritikfähigkeit und dem Wissen von einer Idealbewegung lässt sich eine Sensibilität für den eigenen Körper und die eigenen Handlungen aufbauen, welche es zulässt, eigene Bewegungen aufmerksamer auszuführen und selbstkritisch dem Idealbild anzupassen.

Zu den Feinzielen gehört es schließlich, eine reflektierte Einstellung zu den Erscheinungsformen des Sports, seinen Begleiterscheinungen und der Präsentation in den Medien entwickeln.

Das Bild von Kampfkünsten und vor allen den kampfkunsttreibenden Akteuren muss in den heutigen Medien differenziert und kritisch betrachtet werden. Das Bild des „heroischen Kriegers", der aufgrund seiner oft fiktionalen, kampfkünstlerischen Fähigkeiten das „Böse" besiegt und dadurch zum Volkshelden avanciert, liegt jenseits jedes Kampfkunsttrainings.

Übernatürliche Kräfte, wie zwei Meter hohe Sprünge oder hellseherische Fähigkeiten, weisen einen fiktionalen Charakter auf und dienen ausschließlich der Unterhaltung. Ein realistisches Bild von Kampfkünsten findet man in den Medien eher selten. Auch diese werden Schüler lernen, wenn sie sich selbst mit einer Kampfkunst beschäftigen.

5.2.3.3 Sozialkompetenz

Die Sozialkompetenz[17] umfasst insbesondere die Fähigkeit zum einfühlsamen und verantwortlichen gemeinsamen Spiel- und Bewegungshandeln in Verbindung mit der Bereitschaft zum Helfen und zum Handeln auf Gegenseitigkeit.

5.2.3.3.1 Feinziele der Sozialkompetenz

Die Feinziele der Sozialkompetenz[18] sollen vor allem darauf zielen, dass die Schüler:

- soziale Verhaltensweisen wie Rücksichtnahme und Kooperation als zentrale Elemente sportlichen Miteinanders erkennen und sich aneignen;
- das eigene Handeln einfühlend auf das Handeln anderer abstimmen und andere bewegen, dies auch zu tun;
- Bereitschaft zum Helfen und zur Annahme von Hilfe entwickeln;
- unterschiedliche soziale - insbesondere geschlechtsbezogene- Verhaltensweisen erkennen und berücksichtigen;
- Verantwortlichkeit erkennen und Verantwortung übernehmen;
- durch gemeinschaftliches Sporttreiben die Bereitschaft entwickeln, sich mit der kulturell und sozial bedingten Verschiedenartigkeit von Menschen auseinander zu setzen, Vorurteile abzubauen und fremde Bewegungskulturen als potentielle Bereicherung des eigenen Bewegungslebens zu verstehen.

---

[17] Definition aus: Grundsätzen und Bestimmungen für den Schulsport, 1998, S. 10.

[18] Feinziele aus: Grundsätze und Bestimmungen für den Schulsport, 1998, S. 10.

5.2.3.3.2 Übertragung der Feinziele der Sozialkompetenz auf Ju-Jutsu

Jeder Anfänger einer Kampfkunst ist auf die Hilfe und Rücksichtnahme anderer angewiesen. Nur durch die Kooperation von Mittrainierenden wird man befähigt, Techniken einzuüben und zu erfahren. Trainingserfolge basieren ausschließlich auf der Rücksichtnahme und der Hilfe von anderen Kampfkunsttrainierenden. Durch die Intensität und die körperlichen Nähe des Trainings müssen die verschiedensten Verhaltensweisen von unterschiedlichen Partnern sensibel berücksichtigt werden. Denn jeder Trainierende hat verschiedene Hemmschwellen und Schmerzempfindungen, sowie eigene Vorstellungen an seinen Trainingspartner wie ein zwischenmenschliches Training abzulaufen hat. Dementsprechend muss man bei jedem neuen Partner differenzieren und ihn sensibel behandeln. Diese Einsichten werden Anfänger schnell erfahren, verinnerlichen und als Selbstverständlichkeit weiter tragen.

Verantwortung sollte und nimmt im Ju-Jutsu sowie in allen Kampfkünsten einen maßgeblichen Teil jeder Trainingsattitüde ein, da viele Techniken ein Verletzungsrisiko in sich bürgen. Der Trainer muss seinen Schülern beibringen, diese Techniken verantwortungsbewusst auszuüben, um einen sicheren und rücksichtsvollen Umgang zu gewährleisten.

Die Förderung der Sozialkompetenz der Schüler soll ferner dazu dienen, Vorurteile abzubauen. Dabei hilft Ju-Jutsu, denn in der Verfolgung eines sportlichen Zieles spielt es keine Rolle, welche Nationalität oder Hautfarbe ein Trainingspartner hat. Wichtig ist nur, dass jeder Trainierende die Voraussetzungen und die Beiträge, die für die Erreichung der Trainingsziele essentiell sind, beisteuert. Dadurch haben Jugendliche die Möglichkeit, kulturell und sozial verschiedenartige Trainingspartner unvoreingenommen kennen zu lernen und eventuelle Vorurteile gegen andersartige Personen abzubauen.

5.3 Zwischenergebnis

Ju-Jutsu ist eine moderne Selbstverteidigung, die Elemente aus verschiedensten Kampfkunststilen beinhaltet. Durch die flexible und vielseitige Anwendbarkeit der Techniken und Kombinationen des Ju-Jutsu eignet sich diese Kampfkunst besonders für den Schulunterricht. Die pädagogische Rechtfertigung des Ju-Jutsu in der Schule liegt darin begründet, dass die Aufgaben des Schulsports mit der Bewegungskultur des Ju-

Jutsu in ihren Zielen und Inhalten grundsätzlich übereinstimmen. Positive Eigenschaften wie zum Beispiel Beständigkeit, Zielstrebigkeit und soziale Fähigkeiten wie zum Beispiel Hilfsbereitschaft oder Fairness werden als grundliegende Feinziele der Sozialkompetenz benannt. Diese Eigenschaften werden von den Übenden im Ju-Jutsu neben einer Vielzahl anderer Eigenschaften abverlangt und gefördert.

Die sozialen Fähigkeiten sind zudem ein wichtiger Teil der Etikette, die den Übenden, wie eine Erziehung, die Benimmregeln und die Prinzipien der Kampfkunst näher bringt. Diese beinhalten neben der sozialen Kompetenz auch Körperhygiene, rituelle Bräuche oder moralische Wertvorstellungen (Ehrenkodex). Die Grundsätze und Bestimmungen für den Schulsport sehen für das Erfahrungsfeld „Kämpfen" eine sportlich, kultivierte Auseinandersetzung vor, die das „Sich-Einlassen" auf den Partner und die körperliche Nähe mit ihm thematisiert. Die Selbstkompetenz, die für das Entwickeln und Einbringen von eigenen Handlungsideen steht und die Sachkompetenz, welche das sportbezogene Wissen umfasst, bilden mit ihren Feinzielen ebenfalls einen gewichtigen Bestandteil der Kampfkunst Ju-Jutsu.

6. Kampfkunstprojekt im Jugendzentrum Hannover-Döhren

6.1 Das Jugendzentrum Hannover-Döhren

Das Jugendzentrum Hannover-Döhren ist eine von 27 Einrichtungen der Offenen Kinder- und Jugendarbeit in der Trägerschaft der Landeshauptstadt Hannover. Die Einrichtungen sind zentral in verschiedenen Stadtteilen angesiedelt und ihr pädagogisches Angebot richtet sich nach den Bedürfnissen, den Lebensbedingungen und den Probleme der Jugendlichen auf Stadtteilebene aus. Die Zielgruppe ist schwerpunktmäßig die Altersgruppe der 12-24 Jährigen. Das Jugendzentrum steht grundsätzlich für alle Jugendlichen unterschiedlicher Herkunft und Interessen offen und ist ganzjährig im Nachmittag- und Abendbereich geöffnet. Die multikulturelle Besucherstruktur hat ein Kernalter von 14-18 Jahren. Der Anteil der Mädchen liegt bei etwa 30%. Drei hauptamtliche Mitarbeiter, zwei Sozialpädagogen und ein Erzieher sind für die Arbeit verantwortlich. Als Besonderheit bietet das Jugendzentrum Hannover-Döhren HipHop, Break-, Streetdance und Kampfkunst etc. an und verfügt sogar über einen eigenen Kraftraum.

6.2 Angaben zum Kampfkunst Projekt „Körper unter Kontrolle"

Die Idee, Kampfkunst im Jugendzentrum Hannover-Döhren anzubieten, kam von den Jugendlichen selbst. Sie wollten lernen, sich zu verteidigen und ihren Körper besser zu beherrschen. Im Jahr 1993 erklärte sich der deutsche Meister im Teakwon-Do von 1981 und Erzieher Abbas Balkiz (siehe S. 76) bereit, im Jugendzentrum Hannover-Döhren seinen eigenen Stil Jeet Kwon Do zu unterrichten (siehe S. 72). Dies war jedoch nicht unumstritten. Viele Sozialpädagogen und städtische Angestellte sahen die Gefahr, dass die Jugendlichen durch das Training noch gefährlicher würden und sprachen sich gegen den Unterricht von Kampfkunst in Jugendzentren aus. Da es zuvor im Jugendzentrum Hannover-Döhren öfters zu Schlägereien und Bedrohungen kam, waren diese Ängste auch nachvollziehbar. Das Projekt wurde deshalb auf den Namen „Körper unter Kontrolle" benannt, um auf die friedlichen Ziele des Trainings hinzuweisen und einem eventuellen Schlägerimage vorzubeugen. So dauerte es noch ein Jahr, bis sich Jugendamt und Stadt über die Streifrage von Kampfkunst in der Jugendarbeit einigten und das Projekt schließlich im Jahr 1994 genehmigt wurde.

Die Resonanz, die dann auf das Projekt folgte, war enorm. Das Training wurde von den Jugendlichen in vollem Maße in Anspruch genommen und von der Außenwelt kritisch verfolgt. Zahlreiche Kampfkunstvorführungen, in denen die Jugendlichen ihre gelernten Techniken und Trainingsmethoden öffentlich demonstrierten, folgten. Die Vorführungen des Projektes „Körper unter Kontrolle" speziell bei großen Veranstaltungen halfen Vorurteile Außenstehender abzubauen und waren zugleich ein werbewirksames „Aushängeschild" des Jugendzentrums Hannover-Döhren.

Positive Berichte in lokalen Zeitungen (siehe S. 102). folgten und sogar das ZDF Nachrichtenmagazin „Frontal" berichtete über das gewaltpräventive Kampfkunsttraining des Jugendzentrums Hannover-Döhren.

Die erfolgreiche Anwendung von Kampfkunst in der Jugendarbeit lässt sich hier genau nachvollziehen. Seit dem Start des Projektes „Körper unter Kontrolle" kam es kein Mal zu einer Schlägerei oder zu einer Bedrohung der Sozialpädagogen. Vor dem Projekt waren solche gewalttätigen Übergriffe dagegen durchaus nicht unüblich. So konstatiert Balkiz: „Die Jugendlichen haben durch das Training gelernt, sich zu kontrollieren und Meinungsverschiedenheit verbal auszutragen. Bei Discoabenden sind es die jugendlichen Kampfkünstler, die helfen, Konflikte ohne Gewalt zu schlichten."

Das ehemals umstrittene Kampfkunstprojekt hat sich in der Zwischenzeit bewährt und etabliert, so dass es verschiedene Kooperationen mit der Justiz, der Polizei, Schulen und Vereinen gibt, die gewalttätige Jugendliche dazu bringen, beim Projekt „Körper unter Kontrolle" teilzunehmen.

6.2.1 Erläuterungen zur Kampfkunst „Jeet Kwon Do"

Die Kampfkunst „Jeet Kwon Do" wird von Balkiz frei übersetzt mit „Glauben-Tun-Sein." Dies bedeutet, dass man eine Einheit aus dem bilden soll, woran man glaubt und was man tut. Original übersetzt, ist Jeet das chinesische Wort für „unterbrochene Faust", Kwon ist koreanisch und steht für „Faust- und Tritttechniken" und Do ist das japanische Wort für „Weg".

Jeet Kwon Do wurde von Balkiz aus verschiedenen Kampfkunststilen zu einem komplexen Selbstverteidigungssystem zusammengesetzt. Im Unterschied zu anderen traditionellen Kampfkünsten, in denen alle Bewegungen festgelegt sind, wird „Jeet Kwon Do" für neue Einflüsse und Techniken offen gehalten. Dies bedeutet, dass Techniken, die nicht im Jeet Kwon Do verankert sind, unkompliziert hinzugezogen werden können, wenn sie einen Beitrag zum Trainingserfolg leisten können.

Der Name und die Elemente des Jeet Kwon Do lassen sich aus den Kampfkünsten Taekwon-Do, Soshin-Do und Jeet Kune Do entnehmen. Die Technikauswahl des Jeet Kwon Do besteht zum Großteil aus Tritt-, Block- und Schlagtechniken und Kombinationen aus diesen. Die Techniken wurden aufgrund ihrer Effizienz ausgewählt. Balkiz legt seinen Trainingsschwerpunkt zuerst auf die Schulung der Attribute. Unter Attribute versteht Balkiz richtiges Timing, Reaktionsgeschwindigkeit, Distanzgefühl, Verständnis der Körpermechanik, Schnelligkeit, Kraft, Ausdauer und Ökonomie der Bewegungsreihenfolge. Danach erst folgt das Lehren der einzelnen Techniken.

6.2.2 Trainingsinhalte einer Jeet Kwon Do Einheit

Die Trainingsinhalte von Jeet Kwon Do werden von Balkiz alle drei bis sechs Monate in einer prüfungsähnlichen Situation abgefragt. Dies dient zum einen der persönlichen Kontrolle der Jugendlichen, die so ihren Trainingsfortschritt messen und diesen vor anderen unter Beweis stellen können. Zum anderen dient das Ablegen dieser Prüfung auch dazu, den Umgang mit Prüfungssituationen generell zu üben, denen die Jugendlichen in ihrem Leben immer wieder begegnen werden.

Grundsätzlich ist das Training in sechs Phasen gegliedert:

- Meditation/Angrüßen;
- Aufwärmphase/Stretching;
- Technikphase;
- Kampf/Partnerphase;
- Kraftphase;
- Reflexion/Meditation/Abgrüßen.

Das Training beginnt, indem Lehrer und Schüler den Fersensitz einnehmen. Dann verkündet der Lehrer das Signal, die Augen zu schließen („Mokuso"). Die Schüler sollen jetzt ihre gesamte Aufmerksamkeit ihrem Körper widmen und sich geistig auf das bevorstehende Training einstellen. Auf das Kommando „Jamei, rei" verbeugen sich alle, indem sie die Hände vor den Knien auf den Boden legen und dann den Kopf und Oberkörper weit vorbeugen. Dabei soll die Stirn nicht den Boden oder die Hände berühren. Dann warten alle, bis sich der Lehrer erhebt und stehen auf dessen Zeichen auf. Die Verbeugung vor dem Lehrer im Stand leitet schließlich das Training ein.

Bei der Aufwärmung werden die spezifischen Muskelgruppen durch Schlag- und Tritttechniken sowie verschiedene Bewegungsabläufe beansprucht, um die Durchblutung anzuregen. Der Meister zählt während der Aufwärmübungen auf japanisch bis zehn (itchi, ni, san, tchi....). Diese Zahlen gelten als Kommando für das Ausführen der vorgegebenen Techniken. Das Trainieren vor dem Spiegel ermöglicht zudem eine Selbstkontrolle und dient der eigenen Körperwahrnehmung. Anschließend erfolgt das zumeist beinspezifische Stretching.

In der Technikphase gibt der Trainer einen Bewegungsablauf vor, der dann von den Schülern nachgeahmt wird. Dieser Lernsatz basiert auf den Prinzipien „Nachahmung" und „Wiederholung" (vgl. Eberspächter, in: Wolters 1992, S. 208). Der vorgegebene Bewegungsablauf beinhaltet zum Beispiel aufeinander abgepasste Schlag- und Trittkombinationen, die oft auch Täuschungsmanöver beinhalten. Die Schüler nehmen dabei abwechselnd die Rolle des Verteidigers und des Angreifers ein, dabei werden sie vom Meister kontrolliert und gegebenenfalls verbessert. Neben der Schulung der Koordination sollen taktische Angriffs- und Verteidigungsmuster internalisiert werden. Ferner lernen die Schüler, auf den Partner einzugehen und mit ihm gemeinsam zu lernen, was als Vorbereitung für das Sparring sinnvoll erscheint. Denn die Kampf- und Partnerphase gibt den Schülern die Möglichkeit, erworbenes Können frei mit dem Partner anzuwenden. Hier gilt es, die beschriebenen Attribute (Siehe S. 73) in ihrer Gesamtheit zu vereinigen und aufeinander abzustimmen. Abschließend findet eine Kraftphase statt, in der die Schüler mit diversen Kräftigungsübungen ihre letzten Kräfte mobilisieren.

Eine Reflexion von Trainingseindrücken, eine Meditation und das Abgrüßen beenden das Training. Die Reflexion dient dabei der Verbesserung des Trainings und beinhaltet Lob, aber auch konstruktive Kritik für die Schüler. Die Meditation und das Abgrüßen gleichen den oben beschriebenen Anfangsritualen.

Trainingsequipment

Training am Sandsack

6.2.3 Persönliche Eindrücke

Das Training ist von enormer Motivation des Trainers und der Übenden geprägt, dabei ist die Atmosphäre locker und entspannt. Eine hierarchische Rangfolge ist äußerlich nicht zu erkennen, da es keine Gürtel verschiedener Farben gibt und die Kleidung nicht einheitlich, sondern individuell ist. Die Trainierenden behandeln sich respektvoll. Wünsche und Ideen der Jugendlichen werden angenommen. So dürfen sie beispielsweise ihre eigene Musik während des Trainings hören.

Während des Trainings werden die Schüler vom Lehrer extrem beansprucht. Es bleibt so keine Zeit beziehungsweise Kraft für Privatgespräche und private Streitigkeiten, da man sich seine Kräfte so gut wie möglich einteilen muss. Die Übenden achten und helfen sich gegenseitig. Im Sparring findet man vom vorsichtigen Herantasten bis zum eingespielten, konzentrierten Schlagabtausch alle Leistungsstufen. Neue Schüler, die ein gewalttätiges Verhalten aufweisen, lernen, am und mit dem Modell des Trainers, dieses zu kontrollieren. Die Vorgehensweise des Trainers ist dabei sehr respekt- und verständnisvoll. Hier lernen die Schüler am Modell, dass man einen schwächeren Partner nicht dominant unterwirft, sondern sich auf sein Niveau begibt. Das Prinzip des Sparrings ist hierbei ein gleichwertiges „Geben und Nehmen", das wie ein Spiel „hin und her" gespielt wird. Die Übenden wechseln sich mit der Position des Angreifers und Verteidigers gegenseitig ab.

Balkiz achtet gleichfalls darauf, dass die Trainierenden öfter den Partner wechseln. So trainiert jeder Teilnehmer teils mit schwächeren, teils mit stärkern Partnern.

Während und oft auch nach dem Training erhalten die Schüler eine Rückmeldung. Diese besteht aus allgemeinen Informationen, konstruktiver Kritik oder Lob, was förderlich auf die Motivation wirkt. Wenn Teilnehmer das Training stören, was selten geschieht, aber bei Kindern schon vorkommen kann, müssen sie mehrere Minuten still sitzen bleiben, die Augen schließen und sich auf sich selbst konzentrieren. Die Kinder erfahren diese Form der Meditation jedoch nicht als Strafe, sondern als spezielle Form des Trainings, welches kraft- und konzentrationsfördernd wirkt.

6.2.4 Angaben zum Trainer Abbas Balkiz

Abbas Balkiz wurde am 5. Februar 1967 in der Türkei geboren und ging dort bis zur vierten Klasse in die Grundschule. Im Jahr 1977 zog er mit seiner Familie nach Deutschland und besuchte zwei Jahre lang eine Vorbereitungsklasse, um deutsch zu lernen. Aufgrund sprachlicher Probleme fühlte er sich in der fünften und sechsten Klasse anderen Mitschülern unterlegen. Aus diesem Grund begann er mit zwölf Jahren, Taekwon-Do in einer Kampfkunstschule in Hannover zu lernen. Der anfängliche Drang, sich beweisen zu müssen, wich bald der Philosophie der Kampfkunst, nach der Balkiz leben wollte. Im Jahr 1981 gewann er die deutsche Meisterschaft im Taekwon-Do. Es folgten weitere Turniersiege. Im Jahr 1983 wechselte er zu dem Kampfkunststil Soshin-Do[19], dessen Maxime offen anderen Stilen gegenübersteht und den Trainierenden damit Freiräume zugesteht. So ist es möglich, Techniken anderer Stile zu integrieren. Die Prinzipien des Soshin-Do prägten Balkiz, und er erwarb auch hier mehrere Auszeichnungen.

Neben diesen Kampfkünsten sammelte Balkiz Erfahrungen und Kenntnisse im Wing Chun[20], Kali[21] und Iai-Do[22], welche Einfluss auf seinen

---

[19] Soshin-Do ist ein junger, moderner Kampfkunststil, der sich durch Schlag- und Tritttechniken auszeichnet. Übersetzt heißt Soshin-Do der „kreative Weg des Kämpfens".

[20] Wing Chun ist ein südchinesischer Kung Fu Kampfstil, der insbesondere mit Reflexschulung und automatisierten Bewegungsabläufen arbeitet.

[21] Kali ist ein Kampfkunststil, der insbesondere Stock- und Messertechniken in fließende Bewegungen einbindet.

[22] Iai-Do bezeichnet den japanischen Schwertkampf, indem Körper, Geist und Seele verschmelzen sollen.

eigenen Stil, den Jeet Kwon Do, genommen haben. Durch das Unterrichten an Jugendzentren lernte Balkiz den Umgang mit Kindern und Jugendlichen. Seine türkische Abstammung ermöglichte ihm dabei, einen intensiven Kontakt speziell zu türkischen Jugendlichen aufzubauen. Diese respektierten ihn dadurch mehr als beispielsweise deutsche Mitarbeiter des Jugendzentrums. So fungierte er bei Meinungsverschiedenheiten oft als Vermittler zwischen Jugendlichen und anderen Mitarbeitern.

Seit Juni 1996 ist Balkiz offiziell bei der Landeshauptstadt Hannover im Jugendzentrum Hannover-Döhren angestellt. Berufsbegleitend wurde er an der Ev. Fachhochschule für Sozial- und Heilpädagogik in Hannover zum Erzieher ausgebildet.

Zur Zeit renoviert und vergrößert Balkiz in Eigenarbeit die Trainingsräumlichkeiten. In Zukunft würde er gerne noch weitere Gruppen unterrichten.

Abbas Balkiz

6.3 Befragung der Teilnehmer

Im Jugendzentrum Hannover-Döhren wurden den Teilnehmern des Kampfkunstprojektes Fragebögen ausgehändigt, die sie wahrheitsgemäß ausfüllen sollten. In den Fragebögen wurden sie zu den Gründen für ihre Teilnahme im Allgemeinen und zu ihrem Trainingsverhalten im Besonderen befragt. Ferner wurden Behauptungen über Kampfkunst aufgestellt, die sie auf ihre Richtigkeit bewerten sollten.

6.3.1 Ziel der Befragung

Ziel der Befragung war, herauszufinden, wie sich die Ausübung von Kampfkunst auf die Gewaltbereitschaft von Jugendlichen auswirkt. Ferner wurde untersucht, inwiefern das Praktizieren von Kampfkunst die Persönlichkeit der Jugendlichen beeinflusst. Beispielsweise wurde gefragt, ob sich die Jugendlichen durch das Ausüben von Kampfkunst besser unter Kontrolle haben, sie mehr Selbstvertrauen erhalten haben und verantwortungsvoller geworden sind.

6.3.2 Methodik

In einer empirischen Untersuchung wurden die Aussagen von 37 Teilnehmern des Kampfkunstprojektes ausgewertet. Es wurden ferner mit den Teilnehmern, dem Trainer Balkiz und Mitarbeitern des Jugendzentrums Gespräche geführt. Da ich selbst seit 2002 bei Balkiz trainiere, konnte ich meine eigenen Erfahrungen und Beobachtungen gewinnbringend in meine Untersuchung einfließen lassen. So konnte ich selbst feststellen, wie sich einige Jugendliche im Laufe der Zeit positiv veränderten.

6.3.3 Aufbau des Fragebogens

Der Fragebogen, der zu großen Teilen vorgegebene Antwortmöglichkeiten enthält, aus denen ausgewählt werden kann, ist in drei Bereiche aufgeteilt. Er enthält insgesamt zwölf Fragen zur Person des Trainierenden, zu seinem Trainingsverhalten und zum oben untersuchten Kampfkunstprojekt. Ferner enthält der Fragebogen 15 Aussagen, die von den Jugendlichen auf ihre Richtigkeit bewertet werden sollen.

Im ersten Teil wird gefragt, warum die Person überhaupt Kampfkunst trainiert. Dabei sollten die Jugendlichen vorgegebenen Gründen Prozentzahlen zuordnen, die addiert 100 Prozent ergeben. Dies wird Aufschluss darüber geben, mit welchen Schwerpunkten und Intentionen die einzelnen Personen trainieren. Weiter werden Fragen zum Trainingsverhalten gestellt, wie zum Beispiel nach der Häufigkeit des Trainings.

Im zweiten Teil sollen die Kampfkünstler vorgegebene Aussagen auf ihre Richtigkeit bewerten. Sie haben vier Bewertungsmöglichkeiten, mit denen sie entweder voll und ganz zustimmen, mehr oder weniger zustimmen, eher nicht zustimmen oder gar nicht zustimmen können. Die Behauptungen sind entweder allgemein auf Kampfkunst und ihre Wirkung bezogen, oder sie beziehen sich besonders auf die Erfahrungen der jeweils befragten Person.

Der abschließende, dritte Teil befragt die Kampfkünstler nach persönlichen Angaben wie Geschlecht, Alter, Herkunft, Ausbildung und Beruf. Dadurch ist es möglich, die gewonnenen Erkenntnisse differenziert zu betrachten und diese zum Beispiel nach dem Alter der Trainierenden zu unterscheiden.

6.3.4 Auswertung der Fragebögen

Von den 50 ausgeteilten Fragebögen an die Kampfkünstler des Jugendzentrums Hannover-Döhren konnten insgesamt 37 Fragebögen ausgewertet werden. Davon wurden 34 Fragebögen von männlichen Teilnehmern ausgefüllt und drei von weiblichen Teilnehmern. Dies entspricht einem Anteil von ca. 8%.

6.3.4.1 Altersgruppen der Teilnehmer

Das Alter aller befragten Personen liegt zwischen 12 und 37 Jahren. Davon machen die 12-15 Jährigen 29,3% aus. Die 16-18 Jährigen stellen einen Prozentanteil von 28,3%. Die Teilnehmer, deren Alter zwischen 19-21 Jahren liegt, machen 19,9% aus und über 22 Jahre sind 22,5% der Teilnehmer.

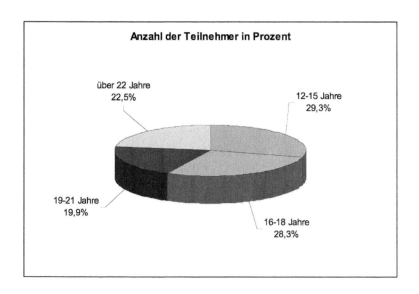

Anzahl der Teilnehmer in Prozent

über 22 Jahre
22,5%

12-15 Jahre
29,3%

19-21 Jahre
19,9%

16-18 Jahre
28,3%

6.3.4.2 Zusammensetzung der Teilnehmer

Die Gruppe des Kampfkunstprojektes setzt sich zum größten Teil aus Schülern (47,6%) zusammen, die den Kern der Kampfkunstgruppe bilden und auch am häufigsten das Training in Anspruch nehmen. Gefolgt von den Berufstätigen, die mit 27,3% den zweitgrößten Anteil darstelle. 11,6 % der Befragten geben an, eine Ausbildung zu machen und 8,2% der Kampfkünstler sind nach eigenen Angaben Studenten. 5,3% der Mitglieder haben zur Zeit keinen Beruf.

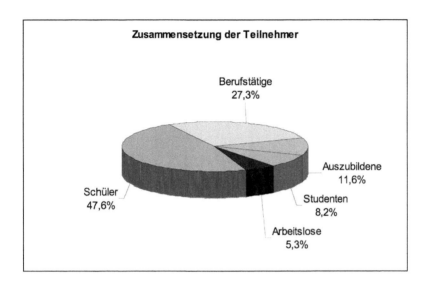

Zusammensetzung der Teilnehmer

Berufstätige
27,3%

Auszubildene
11,6%

Schüler
47,6%

Studenten
8,2%

Arbeitslose
5,3%

6.3.4.3 Herkunft der Teilnehmer

In dem Fragebogen wird bewusst nicht nach der Staatsangehörigkeit, sondern nach der Herkunft gefragt, da viele Jugendliche ausländischer Herkunft die deutsche Staatsangehörigkeit besitzen. Für eine umfassende Analyse ist es jedoch auch notwendig zu wissen, durch welche Kultur der jeweilige Jugendliche geprägt wurde.

So geben von den 37 befragten Personen 70,5 % an, ausländischer Herkunft zu sein. Der Großteil der Befragten ist von türkischer Herkunft, aber auch andere Nationalitäten wie Russen, Spanier, Kroaten, Albaner und Estländer sind in dem Projekt „Körper unter Kontrolle" vertreten. 29,5% der Kampfkunsttreibenden geben an, von deutscher Herkunft zu sein.

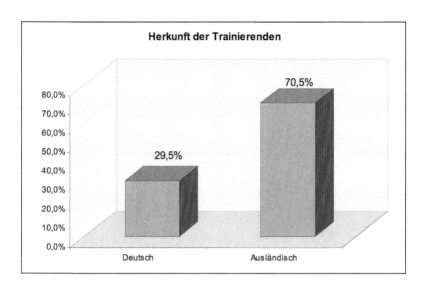

Herkunft der Trainierenden

70,5%

29,5%

80,0%
70,0%
60,0%
50,0%
40,0%
30,0%
20,0%
10,0%
0,0%

Deutsch   Ausländisch

6.3.4.4 Motivationen für das Erlernen der Kampfkunst

Die Motivationen eine Kampfkunst zu erlernen, sind unterschiedlich. Für die folgenden Angaben werden die repräsentativsten Werte der gesamten Gruppe als Durchschnittswerte festgelegt. Somit liegt der primäre Grund, eine Kampfkunst zu erlernen mit 40% darin, sich selbst und andere verteidigen zu können. Die zweithöchste Gewichtung liegt mit 25% auf dem Aufbau von Selbstbewusstsein. Jeweils 20% geben das Erlernen von Technik und Körperbeherrschung sowie das Trainieren aus gesundheitlichen oder ästhetischen (zum Beispiel Fitness-) Gründen als Motivation. 10% der Befragten geben an, dass ihre Motivation eine Kampfkunst zu erlernen von der inneren Einstellung und der Schulung des Geistes motiviert wird.

Die Mittrainierenden werden nur mit 5% als Grund dafür angegeben, Kampfkunst zu erlernen.

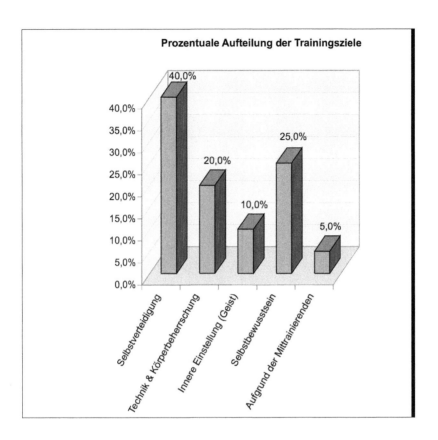

Prozentuale Aufteilung der Trainingsziele

6.3.4.5 Motivation, im Jugendzentrum Hannover-Döhren zu trainieren

Des Weiteren wurde gefragt, warum das Jugendzentrum Hannover-Döhren mit seinem Kampfkunstangebot anderen Kampfkunstschulen vorgezogen wird. Auch hier wurden die prägnantesten Ergebnisse als Durchschnittswerte zusammengefasst. Die Rangliste wurde angeführt mit:

1. Gute, freundliche Atmosphäre;
2. Kompetenter Trainer;
3. Freunde, die auch hier trainieren;
4. Spaß.

Ein Schüler wies zudem darauf hin, dass zwar ein Monatsbeitrag gezahlt werden muss, es aber keine „Klammerverträge" (wie in anderen Kampfkunstschulen) gibt, an die sich die Kampfkünstler langfristig binden müssen. Dies ermögliche somit, das Training für kurze Zeit zu unterbrechen ohne dabei finanziell gebunden zu sein. Ferner bliebe man dadurch auch flexibel, falls eine längerfristige Trainingsunterbrechung stattfinden müsse.

6.3.4.6 Zeitraum des Trainings

Die meisten Befragten trainierten bereits ein bis drei Jahre im Kampfkunstprojekt. Es kann somit festgestellt werden, dass das Kampfkunstprojekt sie dazu bringt, das Training kontinuierlich weiterzuverfolgen und sich nicht sprunghaft eine neue Beschäftigung zu suchen.

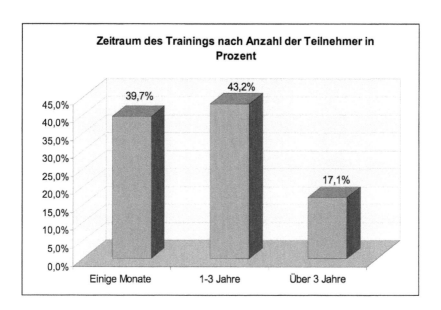

6.3.4.7 Trainingshäufigkeit nach Alter

Die Trainingshäufigkeit differiert nach den jeweiligen Altersgruppen der Teilnehmer. Es fällt auf, dass die 13-15 Jährigen mit 46,9% am häufigsten trainieren. Unter „häufig" wurde dabei ein Trainingsumfang von drei- bis fünfmal in der Woche vorgegeben. Der Grund könnte darin liegen, dass diese Teilnehmer noch zur Schule gehen und die meisten Freizeit besitzen. Je älter die Teilnehmer werden, umso weniger „häufig" trainieren sie, was mit dem Mangel an Freizeit oder der Zunahme anderer Aktivitäten einhergehen könnte.

Unter einem regelmäßigen Training wurde ein Trainingsumfang von ein- bis zweimal in der Woche festgelegt. Hierbei sind die 16-18 Jährigen am meisten vertreten, von denen 58,7% regelmäßig trainieren. Danach folgen die 13-15 Jährigen. Je älter Teilnehmer allerdings werden, umso mehr fällt die Prozentzahl.

Ein unregelmäßiges Training liegt nur noch bei den 19 bis über 22 Jährigen vor.

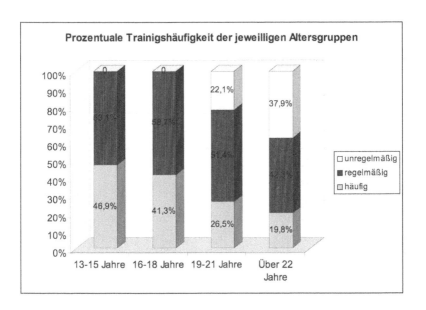

Prozentuale Trainigshäufigkeit der jeweiligen Altersgruppen

Legende:
- □ unregelmäßig
- ■ regelmäßig
- □ häufig

Werte:
- 13-15 Jahre: 46,9% / 53,1% / 0
- 16-18 Jahre: 41,3% / 58,7% / 0
- 19-21 Jahre: 26,5% / 51,4% / 22,1%
- Über 22 Jahre: 19,8% / 42,3% / 37,9%

6.3.4.8 Allgemeine Trainingshäufigkeit

Um Rückschlüsse auf die Motivation der Teilnehmer zu bekommen, wurde schließlich die allgemeine Trainingsbeteiligung ausgewertet. Hierbei ist erkennbar, dass ein Großteil der Teilnehmer regelmäßig die Woche trainiert (51,4%). Die Prozentzahl eines häufigen Trainings ist mit 33,6% immer noch wesentlich höher, als die Prozentzahl des unregelmäßigen Trainings (15%). Die Teilnehmer des Kampfkunstprojektes können somit als motiviert bezeichnet werden.

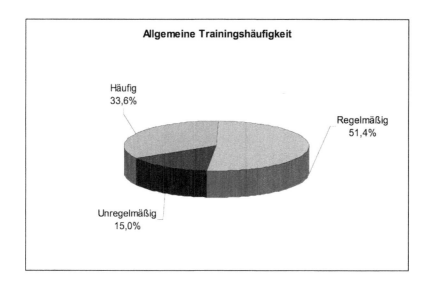

Allgemeine Trainingshäufigkeit

Häufig
33,6%

Regelmäßig
51,4%

Unregelmäßig
15,0%

6.3.4.9 Auswertung der vorgegebenen Aussagen

Im Fragebogen wurden den Teilnehmern vorgegebene Aussagen vorgelegt, denen sie entweder voll und ganz zustimmen, mehr oder weniger zustimmen, eher nicht zustimmen oder gar nicht zustimmen konnten.

In der folgenden Auswertung werden jedoch nicht alle zu beantwortenden Aussagen aufgeführt, sondern diejenigen, aus denen die aussagekräftigsten Folgerungen gezogen werden können, werden zusammengenommen.

So stimmten 72,4% der Aussage voll und ganz zu, dass man sich durch Kampfkunst besser unter Kontrolle hat und sich beispielsweise weniger schnell provozieren lässt. Wie oben bereits festgestellt, trainieren die meisten der Teilnehmer regelmäßig. Durch regelmäßiges Training kann somit eine bessere Selbstkontrolle erreicht werden, die schließlich gewaltpräventiv wirkt.

Dieses Ergebnis korreliert mit dem Trainingszeitraum, der bei den meisten Teilnehmern ein bis drei Jahre beträgt. Hier kann festgestellt werden, dass es eines längeren Zeitraumes bedarf, um eine Gewaltprävention durch Kampfkunst zu bewirken. Zum gleichen Ergebnis kommt auch

Pilz (in: Neumann/von Saldern/Pöhler/Wendt 2004, S. 25), der feststellt, dass Gewaltprävention nicht in einem einmaligen Akt vollzogen werden kann, sondern ein kontinuierlicher Prozess ist, bei dem es um Nachhaltigkeit geht.

Bezogen auf die festgestellten Veränderungen der eigenen Person stellten 49,1% der Trainierenden voll und ganz fest, dass sie sich selbstbewusster fühlen und Werte wie Rücksichtnahme und Respekt anderen gegenüber stärker als früher berücksichtigen. Das oben festgestellte Ergebnis kann in gleichem Maße auf die persönlichen Veränderungen übertragen werden. Auch hier wird sich eine Veränderung nicht sofort, sondern erst nach einem längeren kontinuierlichen Training einstellen.

Der Aussage, dass Kampfkunst hilft, andere Probleme besser in den Griff zu bekommen, stimmten die Mehrheit der Teilnehmer (70,8%) eher nicht zu. An diesem Beispiel können die Grenzen der Kampfkunst aufgezeigt werden, die eben nicht in allen Lebensbereichen, wie zum Beispiel im schulischen oder beruflichen Bereich, helfen kann. Wenn überhaupt, kann hier nur eine indirekte Hilfe der Kampfkunst stattfinden, in der Form, dass sich die Teilnehmer durch das regelmäßige Training besser konzentrieren können und selbstbewusster sind, was grundsätzlich in allen Lebensbereichen vorteilhaft ist.

6.4 Zwischenergebnis

Das Kampfkunstprojekt „Körper unter Kontrolle" besitzt eine gewaltpräventive Wirkung. Sowohl anhand der empirischen Untersuchung, als auch durch eigene Beobachtungen und Gespräche mit den Mitarbeitern konnte herausgefunden werden, dass die teilnehmenden Jugendlichen in der Lage sind, durch ein regelmäßiges Kampfkunsttraining ihre negativen Aggressionen besser zu kontrollieren. Auch wurden die Teilnehmer durch das Training selbstzufriedener und selbstbewusster. Die regelmäßige und langjährige Trainingsbeteiligung spiegelt nicht nur die Motivation der Teilnehmer wider, sondern auch die Beständigkeit, die Zuverlässigkeit und die Eigeninitiative, ein gesetztes Ziel konsequent zu verfolgen. Durch die positive Trainingsatmosphäre kann auch ein Rückschluss auf die soziale Kompetenz der Teilnehmer erfolgen. Denn würde die Mehrheit der Teilnehmer keine soziale Kompetenz besitzen, würde auch kein angenehmes Trainingsklima herrschen. Verantwortlich für das angenehme Trainingsklima ist letztendlich der Trainer, Abbas Balkiz, der durch sein Modell den Schülern ein Vorbild ist. Er ist schließlich auch der Hauptgrund, warum die Jugendlichen im Jugendzentrum Hannover-Döhren trainieren.

Die empirische Untersuchung konnte nicht als Langzeitstudie durchgeführt werden, sondern musste innerhalb eines relativ kurzen Zeitrahmens vollzogen werden. Aus diesem Grund und da die Untersuchung nur innerhalb einer Trainingsstätte stattgefunden hat, kann das Ergebnis nicht als repräsentativer Wert für alle Kampfkunstschulen betrachtet werden. Trotz alledem lässt sich eine Tendenz feststellen, nach der Kampfsport eine gewaltpräventive Wirkung besitzt. Dieses Ergebnis wird auch durch Teile der ausgewerteten Literatur unterstützt.

7. Endergebnis

Kampfkunst kann eine gewaltpräventive Wirkung besitzen. Dies ist dann der Fall, wenn die Rahmenbedingungen, die hierfür benötigt werden, vorhanden sind. Die wichtigste Rahmenbedingung, die für eine gewaltpräventive Wirkung vorhanden sein muss, ist ein kompetenter Trainer, der das Trainingsziel der Gewaltprävention verwirklichen möchte. Eine Verwirklichung findet schließlich im alltäglichen Training statt, in dem soziale Kompetenzen vermittelt werden und der Umgang mit Aggressionen gelehrt wird. So wurde herausgearbeitet, dass durch die Ausübung von Kampfkunst Aggressionen besser kontrolliert werden können. Dies resultiert aus den hohen physischen Belastungen, denen jeder einzelne Teilnehmer ausgesetzt ist und in denen er seinen Körper beherrschen muss. Hätte der Teilnehmer in diesen Situationen keine Körperbeherrschung und würde er unkontrolliert um sich schlagen, wäre er einem gleichstarken Gegner mit Körperbeherrschung regelmäßig unterlegen.

Eine weitere Rahmenbedingung ist allerdings auch, dass die Schüler regelmäßig über einen längeren Zeitraum zum Training kommen und sich dem Trainingsziel der Gewaltprävention nicht verschließen, sondern die gelehrten sozialen Kompetenzen verinnerlichen. Nur auf diese Weise kann eine Nachhaltigkeit geschaffen werden, die den geistigen Reifeprozess der Jugendlichen fördert.

In diesem Zusammenhang spielen auch die Moralvorstellungen der Kampfkunst eine große Rolle. So verbietet beispielsweise der Ehrenkodex der Kampfkunst, diese auszunutzen. Solche und ähnliche Werte werden den Jugendlichen durch die Kampfkunst vermittelt. Durch die Identifikation mit der Kampfkunst finden die Jugendlichen Orientierung. Selbstbewusstsein und innere Stärke machen ein gewalttätiges Verhalten überflüssig. Die Kampfkunst leistet dadurch einen wertvollen Beitrag für eine humanere Gesellschaft.

Das anfangs genannte Zitat von Albert Schweitzer findet sich in dieser Arbeit also wieder, denn auch bei der Gewaltprävention kommt es nicht darauf an, die Jugendlichen Maßnahmen auszusetzen, sondern ihnen Werte und Normen zu vermitteln, die so eine neue Gesinnung schaffen.

8. Anhang

8.1 Fragebogen

Im Rahmen meines 1. Staatsexamen führe ich eine Untersuchung zum Thema Kampfsport und Gewaltprävention durch. Die Ergebnisse sollen aufzeigen, inwieweit Kampfsport hilft, Gewalt vorzubeugen und dadurch präventiv zu wirken.

Die Untersuchung ist absolut anonym. Bitte füllen Sie den Fragebogen vollständig aus - bei Fragen jeglicher Art helfe ich Ihnen gerne.

Bitte überlegen Sie nicht, welche Antwort den „besten Eindruck" macht, sondern antwortet so, wie es für Sie ehrlich zutrifft!

Danke für Ihre Mitarbeit!

Wie lange trainieren Sie schon in dieser Gruppe?

Wie oft trainieren Sie?   1. Häufig (3-5 Mal die Woche)

2. Regelmäßig (1-2 Mal die Woche)

3. Unregelmäßig

Warum trainieren Sie diese Kampfkunst? Wählen Sie unter den Gründen aus und ordnen Sie ihnen Prozentzahlen zu, die <u>zusammen</u> 100 % ergeben!

- Fitness/Gesundheit   =
- Selbstverteidigung   =
- Technik/Körperbeherrschung =
- Innere Einstellung (Geist) =
- Für das Selbstbewusstsein   =
- Wegen der Leute hier   =

= 100 %

Was für eine Kampfkunst trainieren Sie hier?

Warum trainieren Sie ausgerechnet hier die Kampfkunst?

Hat sich Ihr Verhalten und Ihre Einstellung in Bezug auf das Thema „Gewalt" durch das Training geändert? ☐Ja ☐Nein
Wenn Ja, wie?

Lesen Sie die Fragen genau durch und kreisen Sie die Zahl ein, die Ihrer Meinung am besten entspricht.

1= Trifft voll und ganz zu

2= Trifft mehr oder weniger zu

3= Trifft eher nicht zu

4= Trifft gar nicht zu

1. Durch Kampfkunst kann man   1   2   3   4
keine Aggressionen abbauen.

2. Durch das Trainieren von Kampfkunst   1   2   3   4
fühlt man sich sicherer.

3. Durch Kampfkunst lernt man   1   2   3   4
Rücksichtnahme, Respekt und Verantwortung für sich und andere.

4. Durch Kampfkunst kann man   1   2   3   4
sein eigenes Verhalten besser beherrschen/
hat man sich besser unter Kontrolle.

5. Kampfkunst hilft mir, andere Probleme   1   2   3   4
besser in den Griff zu kriegen.

6. Ich lerne Kampfkünste, um mich auf   1   2   3   4
der Straße besser behaupten zu können.

7. Ich war in der Vergangenheit   1   2   3   4
oft Gewalt ausgesetzt.

8. Seit dem Training schlage ich auf   1   2   3   4
der Strasse nicht mehr so oft zu.

9. Ich ziehe Selbstvertrauen   1   2   3   4
aus der Kampfkunst.

10. Durch Kampfkunsttraining habe ich   1   2   3   4
mehr Lust auf Auseinandersetzungen.

11. Wenn mich jetzt jemand auf der   1   2   3   4
Strasse dumm anmacht, zeige ich
ihm gleich, wer der Stärkere ist.

12. Ich versuche Gewalttätigkeiten auf der   1   2   3   4
Straße zu vermeiden, das habe
ich durch die Kampfkunst gelernt.

13. Durch Kampfkunst habe ich gelernt,   1   2   3   4
mich nicht so schnell provozieren zu lassen.

14. Durch das Training bin ich zufriedener   1   2   3   4
mir selbst.

15. Wenn ich wütend bin, gehen schon   1   2   3   4
 mal Sachen kaputt.

Fragen zur Person:

Alter:

Geschlecht: ☐ männlich ☐weiblich

Ausbildung:

Beruf:

Herkunft:

8.2 Interview mit Abbas Balkiz vom 15. Juni 2006

Staeglich: Was sind Ihrer Ansicht nach die Hauptgründe, für Jugendliche Gewalt auszuüben?

Balkiz: Meiner Meinung nach hat das Ausüben von Gewalt viel mit den Medien zu tun. Fernsehen, DVD's oder Video Spiele – die Jugendlichen identifizieren sich mit der Gewalt, die sie in den Medien sehen. Wenn wir uns im Jugendzentrum zusammen Filme ausleihen, werden immer gleich gewalttätige Filme ausgesucht, anstatt zum Beispiel Komödien. Die Kinder sehen die Gewalt, die so cool dargestellt wird und wollen auch so sein. So überträgt sich das Verhalten im Film dann auch auf die Kinder.

Zudem leben ihre Eltern oft getrennt, und es fehlen dann die Bezugspersonen in ihrer Familie, die sie aufklären und erziehen. Die Kinder stehen regelrecht in der Luft und haben zum Teil versteckte Aggressionen gegenüber der Gesellschaft.

Staeglich: Warum ist ausgerechnet Kampfkunst als gewaltpräventive Maßnahme so effektiv?

Balkiz: Ich denke Kampfkunst spricht in erster Linie ihre Sprache. Sie kennen Kämpfen und Gewalt aus dem Fernsehen und das ist die nächste Sportart, die sie sich vorstellen können. Es ist also viel einfacher, Leute mit einem Gewaltpotential durch Kampfsport zu erreichen als mit irgendeiner anderen Sportart. Denn diese Jugendlichen wollen kämpfen und werden durch den Kampfsport angesprochen. Ob sie letzen Endes dabei bleiben, ist eine andere Sache. Jedenfalls ist das Kämpfen ihre erste Sprache, die Körpersprache, die sie sprechen.

Staeglich: Wie genau kann man durch Kampfkunst gewalttätige Jugendliche resozialisieren?

Balkiz: In dem man ihre Sprache spricht. In dem man nicht gleich alles Negative an ihnen bewertet. Sie erstmal machen lässt, viel loben und nicht sagen: „Ey, Du bist so hart", sondern sie erstmal so annehmen, wie sie sind.

Dann bringt man sie dazu, ihren eigenen Körper zu beherrschen. Später wenn sie soweit sind, bringt man die Philosophie der Kampfkunst mit ein und schult langsam ihren Geist. Wichtig ist, dass man ihnen am Anfang nicht zu viele Grenzen und Regeln aufzeigt, das wollen sie ohnehin nicht hören. Die wollen erstmal zeigen wie toll sie sind und was sie alles können. Manche überschätzen sich selbst und haben ein enormes Selbstbewusstsein. Sie sind oft so überheblich, dass sie von niemandem etwas annehmen, so verstecken sie natürlich auch Minderwertigkeitskomplexe, die sie haben. Das muss man anerkennen und manchmal auch negative Sachen loben, damit sie dabei bleiben und nicht in ihrem Stolz verletzt werden.

Später aber, wenn sie gegen bessere Leute kämpfen, werden sie von selber feststellen, dass sie doch nicht so gut sind. So kann man ihnen ihre Schwächen aufzeigen, wenn man mit ihnen kämpft. Wichtig dabei ist, dass man ihnen immer Chancen lässt, sich auf ihr Leistungsniveau herunter begibt und ihnen zeigt, dass auch wenn man besser ist, man diese Überlegenheit nie gegen sie ausnutzt.

Anstatt sie zu bekämpfen, kämpft man mit ihnen zusammen. Man behandelt sie wie Partner und nicht wie Gegner. Der bessere Partner, das kann ein erfahrener Schüler sein oder der Lehrer, kann sie dann auf Verhaltensweisen oder Technikfehler hinweisen. Dadurch, dass man ihnen Respekt entgegenbringt, werden sie Anweisungen oder Tipps von anderen entgegen nehmen, ohne in ihrem Stolz verletzt zu sein. Man muss auch bedenken, dass viele neue Schüler versuchen, ihre Unsicherheit zu überspielen und dass sie vielleicht schon von anderen Kampfkunstschulen abgewiesen wurden.

Staeglich: Was verstehen Sie unter Philosophie in Bezug auf Gewaltprävention?

Balkiz: Das ist nicht so einfach zu beantworten. Disziplin ist sehr wichtig. Am Anfang akzeptieren sie keine anderen Jugendlichen, sie sind sehr egoistisch. Sie müssen lernen, nicht nur an sich zu denken, sondern zusammen mit dem Trainingspartner zu arbeiten. Ihr Instinkt hat keine Kontrolle, kein Körpergefühl, die können bei einem Schlag nicht einschätzen, ob das dem Partner weh-getan hat oder nicht. Sie müssen langsam lernen, die Regeln des Dojos zu akzeptieren: Schuhe ausziehen, pünktlich sein, saubere Kleidung. Und sie müssen eine Stunde durchhalten - die meisten haben ganz vergessen oder gar nicht gelernt, sich eine Stunde auf eine Sache zu konzentrieren ohne sich mit anderen Dingen abzulenken. Die direkte Philosophie der Kampfkünste ist für die Jugendlichen eher uninteressant, aber sie beginnen irgendwann Fragen zu stellen.

Und das ist ein Vorteil von uns - viele Themen werden in anderen Kampfkunstschulen nicht behandelt, aber bei uns können sie über alles reden und alles fragen.

Staeglich: Was fragen die Jugendlichen?

Balkiz: Sie fragen zum Beispiel, ob es schwach ist, wenn man einer Schlägerei ausweicht. Oder was sie tun sollen, wenn sie ihre Schwester mit einem anderen Mann sehen und dass sie in der Moschee gehört haben, dass sie den Mann umbringen müssen. Dann muss man ihnen ruhig erklären, dass sie hier in Deutschland leben und nicht in der Türkei und sich auch dementsprechend verhalten müssen. Ich habe zum Beispiel einem gesagt, dass er doch auch eine deutsche Freundin hat und seine Schwester auch Bedürfnisse hat, die er respektieren muss. Wenn ich ihnen das sage, hören sie auf mich. Einem deutschen Mitarbeiter würden sie sagen, was weißt du schon von unserer Religion und unserem Land, du Ungläubiger. So ist es wichtig den Jugendlichen, speziell ausländischen Jugendlichen, die Werte und Moral, die in Deutschland gelten zu vermitteln.

Staeglich: Wie reagieren Sie auf Schläger in Ihrer Gruppe?

Balkiz: Da sie am Anfang oft sehr hart kämpfen, um sich zu beweisen, lasse ich sie beim Sparring gegen bessere Leute kämpfen. So wird niemand verletzt und die besseren Kämpfer achten darauf, immer locker weiter zu kämpfen, auch wenn der andere härter zuschlägt. Dadurch, dass die besseren Kämpfer das „know how" haben, können sie ganz locker ausweichen. Außerdem haben die meisten Schläger wenig Kondition, so dass sie ohnehin schnell schlapp machen. Sie sehen dann schnell ein, dass sie mit roher Gewalt nicht so weiterkommen, wie sie es vielleicht gewohnt waren. Und mit der Zeit lernen sie dann auch, sich selbst besser zu kontrollieren.

Staeglich: Hatten Sie schon Fälle, wo Sie resigniert haben?

Balkiz: Ich habe nicht resigniert, er hat selbst aufgegeben. Er wurde vom Gericht hierher geschickt, weil er in der Schule gewalttätig war. Ich wollte ihn motivieren, ihm Techniken zeigen, um sich besser in den Griff zu kriegen und um Dampf abzulassen. Aber der war einfach nicht daran interessiert, irgendwas zu lernen und kam auch sehr unregelmäßig. Da kann man nichts machen.

Staeglich: Was muss ein Trainer für besondere Eigenschaften/Qualifikationen haben, um mit Jugendlichen Kampfkunst im präventiven Bereich zu trainieren?

Balkiz: Sehr wichtig ist, dass er menschlich ist, offen und tolerant. Wenn du menschlich bist, hast du viel erreicht. Aber das darf nicht nur vorgetäuscht sein. Man muss Vater, Bruder und Freund in einer Person sein. Meine Schüler wissen, dass sie mit mir über alles reden können. Wenn ich einen Schüler sehe, kann ich aus seinem Gesicht ablesen, ob es ihm schlecht geht oder nicht. Ich darf nicht nur der Lehrer sein, der die Vorschriften macht, sondern ich muss mich auf dem gleichen Level wie meine Schüler bewegen. Dazu gehört auch, dass ich Kritik annehmen kann. Wenn die Schüler sagen Abbas, das läuft nicht so, wie wir uns das vorstellen, muss ich das berücksichtigen. Nur so kann auch ich mich weiterentwickeln. Und ein Trainer oder Meister ist auch nur ein Mensch. Ich kann auch Fehler machen und bin nicht perfekt. Wichtig ist, dass meine Schüler dies wissen und so sage ich meinen Schülern auch ganz offen, was ich nicht kann.

Staeglich: Muss der Trainer nicht auch gut in seiner Kampfkunst sein?

Balkiz: Ja, natürlich sollte er auch gut in seiner Kampfkunst sein. Besonders wenn die Schüler schon fortgeschritten sind, muss man ihnen ja immer noch neue Sachen zeigen können. Aber wenn man Anfänger trainiert, reicht normales Kampfkunstwissen aus. Aber das Können in einer Kampfkunst ist im gewaltpräventiven Bereich erst einmal zweitrangig.

Staeglich: Sie sind türkischer Abstammung. Erleichtert Ihnen das den Zugang zu moslemischen Jugendlichen?

Balkiz: Ja, dadurch habe ich viele Vorteile. Ich spreche türkisch, ich kenne ihre Mentalität und die Art und Weise, wie sie leben. Wenn sie sagen, dass sie aus Ankara kommen, kann ich mir vorstellen, in welcher Umgebung und unter welchen Umständen sie aufgewachsen sind. Hier gibt es Unterschiede zu den Jugendlichen, die aus dem Osten der Türkei kommen. Wenn sie im Training sehr aggressiv sind und sie aus bestimmten Teilen der Türkei kommen, dann kann ich besser einschätzen, woher dieses Verhalten kommt. Vielleicht ist das in ihrer Tradition so verankert und der Onkel oder der Vater verhalten sich genauso. Dann weiß ich, wie ich damit umzugehen habe.

Staeglich: Haben Sie Beispiele von Jugendlichen, die sich gebessert haben?

Balkiz: Da gibt es viele Beispiele von Jugendlichen, die damals gewalttätig waren und jetzt einen geregelten Job und ein friedliches Leben gefunden haben. Ich erinnere mich an einen ehemaligen Hooligan, mit dem man damals nichts anfangen konnte. Der konnte sich in keine Gruppe einfügen, sich nicht konzentrieren und war immer in Schlägereien verwickelt. Jetzt hat er sich total gewandelt. Er ist sehr ruhig geworden und kann lange konzentriert mit sich allein arbeiten, das wäre damals undenkbar gewesen. Er hat erfolgreich eine Ausbildung bestanden und leitet sogar in einer anderen Kampfkunstschule das Kindertraining. Das ist aber nur eines von vielen Beispielen. Es gibt auch schüchterne Kinder, die zu uns kommen. Der eine hat zwei Monate nur zugeschaut, ehe er sich getraut hat, mitzumachen. Jetzt ist er in der Gruppe integriert, hat neue Freunde gefunden und ist viel selbstbewusster geworden.

Durch Kampfkunst haben sie die Möglichkeit gehabt, ihre Schwächen und Stärken zu erkennen. Ich habe als Trainer die Möglichkeit gehabt, Schüler in die richtige Richtung zu lenken. Heute sind viele Jugendliche dankbar, weil sie durch das Projekt viel gelernt haben.

Staeglich: Vielen Dank für das Gespräch.

8.3 Zeitungsausschnitte zum Kampfkunstprojekt

Kampfsport gegen Jugendgewalt – kann das gutgehen?

Ein Kind liegt rücklings auf dem Boden, der Gegner steht mit erhobenem Stock über ihm – zum Schlagen bereit. Aggressionsabbau? Fotos: Wilde

Hier bauen Kinder aus Döhren ihre Aggressionen ab

HANNOVER. „Kiaaaa!" Lautstark tönt der Schrei aus den Kehlen der jungen Kämpfer. Dann geht es auf der Matte rund. Füße und Hände setzen zu kräftigen Tritten und Schlägen an, Stöcke werden als Schwerter benutzt. Die Gegner sind noch Kinder – das jüngste sechs Jahre alt.

Natürlich wird nicht richtig zugeschlagen. Aber auf uns wirken die Szenen, die wir Samstag im Jugendzentrum Döhren beobachten konnten, bedrohlich. Trainer Abbas Balkiz versichert: „Das dient dem Aggressionsabbau."

Balkiz (seit 17 Jahren Kampfsportler) wird von der Stadt Hannover bezahlt. Die hofft, daß sein Training dazu beiträgt, eines der größten Probleme unserer Gesellschaft in

der Selbstverteidigung soll den Charakter stärken, Disziplin, Respekt und die Gemeinschaft fördern."

Deshalb unterrichtet Balkiz Kinder und Jugendliche seit zwei Jahren in „Jeet-Kwon-Do", einer Mischung aus verschiedenen Boxtechniken, von der schon jede für sich ausreichen würde, um seinen Gegner ins Reich der Träume zu schicken. Die Techniken haben so exotische Namen wie Teak-Kwon-Do, Iai-Do und Kali.

Die jungen Kampfsportschüler versichern, daß die Rechnung ihres Lehrers aufgeht und sie ihre Mitschüler nicht verhauen: „Wenn wir hier trainiert haben, sind wir total ausgepowert und wollen nur noch unsere Ruhe haben", erzählt Hamed. „Wir lernen hier auch, ei-

23

---

23 Zeitungsartikel aus der Neuen Presse vom 4.11.96.

Zwei Jahre „Körper unter Kontrolle"

Döhren/SG. – Das Anti-Aggressionsprojekt „Körper unter Kontrolle" (KUK) findet seit zwei Jahren im Jugendzentrum Döhren statt. Als wesentlicher Teil des Projektes vermittelt das „Jeet-Kwon-Do"-Training neben der Kampfkunsttechnik Körperbeherrschung, Ausdauer, innere Ruhe und Verständnis für den Trainingspartner. Alles Fähigkeiten, die es erleichtern, mit Aggressionen umzugehen, ausgeglichener und zuverlässiger zu werden.

Getreu dem Motto „Die Mischung machts" läßt Trainer Abbas Balkiz im Jeet-Kwon-Do Elemente aus mehreren traditionellen Kampfsportarten zusammenfließen. Mittlerweile sind es bald 100 Kinder und Jugendliche, die das Angebot nutzen. Eine Zahl, die klar für die Beliebtheit des Projektes spricht. Und auch die Erfolge sind deutlich sichtbar, vor allem im Offenen-Tür-Bereich des Jugendzentrums können die Mitarbeiter täglich feststellen, daß

die Teilnehmer des Sportprojektes wesentlich ausgeglichener wirken. Grund genug also, das zweijährige Bestehen und den Erfolg von KUK gemeinsam zu feiern. Neben Jeet-Kwon-Do-Vorführungen war beim Geburtstag natürlich auch Zeit fürs gesellige Beisammensein. Künftig soll das Projekt durch eine Mädchengruppe ergänzt werden. Nähere Infos zum Training gibt es direkt im Jugendzentrum oder unter (05 11) 1 68-91 66.

24

---

24   Zeitungsartikel aus dem Leine Echo vom 9.11.96.

Kampfkunst in der Jugendarbeit

Kampfsportarten sind insbesondere bei männlichen Jugendlichen sehr beliebt. Auch in Hannover gibt es eine Menge an gewerblichen und privaten Kampfsportschulen mit denen viele Jugendliche erreicht und beeinflusst werden. Schon aus diesem Grund ist es wichtig, dass Jugendarbeit dieses Aufgabengebiet besetzt.

Kampfkünste können degenerieren zum „Kampfsport" zum Niederprügeln eines Gegners missbraucht werden oder den Kampf anhalten und Frieden schaffen. Kampfkunst bedeutet, richtig verstanden, eine innere Haltung der Liebe und Verantwortung gegenüber allen Menschen, auch zu sogenannten „Feindern", zu entwickeln, aus dem heraus es möglich ist, sich klar abzugrenzen ohne den anderen dabei abwerten zu müssen.

Eine solche innere Haltung muß über längere Zeiträume kontinuierlich geübt werden, um in Stresssituationen sich zu verteidigen ohne den anderen zerstören zu müssen, bis in einer bedrohlichen Situation intuitiv angemessen reagiert und agiert werden kann. Im Training einer Kampfkunst ermöglicht die klare äußere und soziale Struktur einen geschützten Erfahrungsraum, in dem die eigenen Aggressionen und das Gewaltpotenzial schrittweise ohne Schaden für sich und andere zugelassen werden können. Ziel ist es nicht, diese Emotionen zu unterdrücken, sondern es geht darum, von den eigenen Gefühlen nicht mehr abhängig und beherrscht zu sein; wenn die momentanen Gefühle bewusst wahrgenommen werden, kann man sich davon distanzieren und die Kontrolle behalten.

Kampfkunst ermöglicht eine größere Selbstbeherrschung, indem man das eigene Verhalten bewusst steuert.

Das Training fördert die geistige, psychische und körperliche Wahrnehmungsfähigkeit. Die Verarbeitung dieser Wahrnehmungen und Gefühle werden im Training in geeigneter Weise thematisiert und verarbeitet.

- Kampfkunst setzt an den Stärken von Jugendlichen, ihrem Bewegungsdrang und Erlebniswunsch an.
- Kampfkunst bietet einen ganzheitlichen Zugang im Sinne von Körper-Seele-Einheit.
- Jugendliche machen direkte Erfahrungen mit sich und anderen.
- Kampfkunst bietet eine geschützten Erfahrungsraum zum Erleben verdeckter Gefühle und Erproben neuer Verhaltensweisen (Angst, Wut, etc.)
- Kampfkunst fördert soziales Lernen, insbesondere Rücksichtnahme, Respekt, Verantwortung für sich und andere.
- Kampfkunst ermöglicht direkte Erfolgserlebnisse über Körper- und Technikbeherrschung, das Selbstbewusstsein wird gestärkt.

Dt.Jugend,42.Jg.1994,H.11

Opfer einer Gewalttat kann jeder werden, leider reden Kinder oder Jugendliche oft nicht darüber. Kinder und Jugendliche haben Angst vor weiteren Bedrohungen und Racheaktionen, falls sie eine Anzeige bei der Polizei stellen, sie haben Angst, dass die Eltern ihnen Freizügigkeiten einschränken, sie haben Angst, dass sie nicht ernst genommen werden usw. Auch Eltern sind verunsichert, wenn sie davon erfahren, was richtig und falsch ist.

Eltern – Kind – Training

Das Jugendzentrum Döhren ist eine Einrichtung der Landeshauptstadt Hannover, in der „Offene Jugendarbeit" angeboten wird.

„Offene Jugendarbeit" grenzt sich zu den anderen Sozialisationsinstanzen wie Familie, Schule und Arbeitswelt dadurch ab, dass die Teilnahme prinzipiell freiwillig ist und in der Freizeit stattfindet.

Grundlage der pädagogischen Arbeit im Jugendzentrum bilden einerseits die Lebensbedingungen, Probleme und Bedürfnisse der BesucherInnen und andererseits die Vorgaben des KJHG mit folgenden Zielbereichen:

● Freizeitorientierte Angebote
(Sport, Spiel, Partnerschaft, Fahrten etc.)

● Arbeitsweltbezogen
(Schnittstelle Schule-Ausbildung-Arbeitslosigkeit)

● Kulturelle Jugendarbeit (Musik, Filmen, Tanzen, Computer etc.)

● Multikulturelle Jugendarbeit
(Feste, Sport, Essen-Küche, Musik etc.)

● Politische Bildung
(Aktuelle Themen, Ausländergesetze, Gewalt etc.)

● Geschlechtsspezifische Orientierung (Mädchenarbeit, Jungenarbeit)

● Stadtteilorientierung und Regionsarbeit

Kampfkunsttrainer + Projektleiter

Herr Abbas Balkiz betreibt seit über 20 Jahren die unterschiedlichsten Kampfsportarten mit nationalen und internationalen Erfolgen:

1981	Deutscher Meister in Teakwon-Do
1983	Niedersachsen Meister in Teakwon-Do
1986 – 1994	Norddeutscher Meister in Soshin-Do
1993	Mannschaftsweltmeister (türk. Nationalmannschaft) im Kickboxen
1994	Deutscher Meister im Kickboxen

Herr Balkiz ist ein Kenner der Szene, kennt die Trainingsmethoden der Kampfsportschulen in Hannover seit Jahren (zum Teil aus eigener Erfahrung) und hat die nötige Akzeptanz, Ruhe, Können und Erfahrung, um entsprechende Verhaltensweisen und Fähigkeiten zu vermitteln.

Seit 1996 begleitet Herr Balkiz das Kampfkunstprojekt und seit 1999 ist er als Erzieher und Projektleiter für die Landeshauptstadt Hannover im Jugendzentrum Döhren tätig.

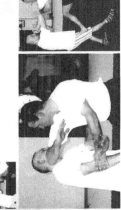

Nach anfänglichen Wiederständen bei einigen Pädagoginnen und Pädagogen, konnten wir sie inzwischen durch unsere Argumentation überzeugen und arbeiten noch heute mit zahlreichen Schulen und Institutionen zusammen:

- Evangelische Fachhochschule Hannover
  (einige Studentinnen und Studenten haben am Unterricht teilgenommen und ihre Examensarbeit darüber geschrieben)
- Astrid Lindgren Schule
- Paul Dohrmann Schule
- Glocksee Schule
- Heinrich Heine Schule
- Dietrich Bonhoeffer Schule
- Peter Petersen Schule
- Stresemannschule
- Elsa Brandström Schule
- Tellkampfschule
- Blaue Schule Bemerode
- Kooperation mit anderen Kampfkunstschulen
- Zusammenarbeit mit der Polizei, Baff, mit Jugendgerichtshilfe, mobile Betreuung, Kinderheim St. Joseph, Asylantenheim, Jugend betreut Jugend, Stadtteilarbeit mit Suthwiesenschule etc.
- Präsentationen auf Fachtagungen:
  SPD Landesverband Niedersachsen in Wolfenbüttel, Gewerkschaftstagung im Pavillion YO! Future, Zusammenarbeit von Schule und Jugendarbeit im Pavillion, auf dem Messegelände Hannover bei der Infa und ABF sowie bei der ATP-Tour.
- Präsentationen bei den vielen Kampfkunstmeetings in der Bundesrepublik Deutschland, in der Stadionsporthalle Hannover, in der Suthwiesensporthalle und beim Mitternachtssport.

Kampfkunst + Fitneßtraining

Bewegung ist für die körperliche, psychische und soziale Entwicklung des Menschen von ausschlaggebender Bedeutung.

Generell vermitteln Spielerlebnisse dem Kind Erfahrungen über seine physische und soziale Umwelt, über sich, seine Möglichkeiten und sein Verhältnis zu dieser Umwelt. In der Auseinandersetzung mit der physischen und sozialen Welt findet statt:

- Ichentwicklung • Ichverwirklichung • Intelligenzentwicklung

Viele Menschen wachsen hier heutzutage in einer bewegungsarmen bzw. reizarmen, extrem einseitigen, beengten Welt auf mit einer unvollständigen Sozialisation.

Die Suche nach Aktion, Spannung, Ausleben von Körperlichkeit ist vergebens und die Folge ist, laut vieler Untersuchungen ist Gewalt in den Familien,in Schulen, in Jugendzentren, in Sportvereinen, unter Kindern, unter Jugendlichen, unter Erwachsenen und in den Medien. Fremdenfeindliche Gewalt und riskante Gewalt wie: S-Bahn-Surfen, Auto-Crashing, Downhill-Shredding usw.

Die Suchbewegung junger Menschen begegnen wir mit körper-bewegungsbezogen Aktivität. Wir schaffen Räume und Gelegenheiten für Erfahrung und einer positiven Identitätsfindung, ein Gegenentwurf zur bewegungsarmen Umwelt der Kinder und Jugendlichen.

Die körperliche Fähigkeiten eines jeden Teilnehmers sind uns sehr wichtig, sie werden wahrgenommen und positiv eingesetzt.

Fitnesstraining
- Schultermuskelaturtraining • Brustmuskelaturtraining
- Rücken • Beine • Bauch • Bizeps • Trizeps • Unterarme usw.

Aggression ist nicht gleichzeitig Gewalt

Aggressionen sind Reaktionen auf Verletzungen,
Beleidigungen und Angriffe auf die Psyche

Wir arbeiten mit einem praxisorientiertem Sportprojekt unter dem Motto

Körper unter Kontrolle

Wir erreichen Täter und Opfer mit verschiedenen Angeboten:

Eltern – Kind – Training
Selbstverteidigungskurse in Zusammenarbeit mit Schulen etc.
Selbstbewusstseinstraining (Wochenendseminare)
Fitness – Training
Kampfkunst „Jeet Kwon Do"
Kickboxen
Boxen

Landeshauptstadt Hannover,
Amt für Jugend u. Familie, Abt. Kinder u. Jugendarbeit
Jugendzentrum Döhren, Peiner Str. 5, 30519 Hannover, Tel.: 0511/168-49166

Literaturverzeichnis

Bach, G.R./Goldberg,   Keine Angst vor Aggression. Düsseldorf.
H. (1974)

Bandura, A. (1979)   Aggression. Eine sozial-lerntheoretische
Analyse. Stuttgart.

Bandura, A./Ross, D.   Vicarious reinforcement and imitative
(1963)   learning. In: Journal of Abnormal and Social
Psychologie, 66, S. 601-607.

Berkowitz, L. (1962)   Aggression: A social psychological analysis.
New York.

Bruhns,K./   „Ich meine mit Gewalt kannst du dir Respekt
Wittmann, S. (2002)   verschaffen". Mädchen und Frauen in
gewaltbereiten Jugendgruppen. Opladen.

Ceh, J. (1988)   Konflikte und Aggressionen bewältigen.
Landsberg am Lech.

Cox, H. (1978)   Licht aus Asien. Verheißung und Versuchung
östlicher Religiösität. Stuttgart.

Croucher, R. (1986)   Der Weg des Kriegers- Kampfsportarten –
Tradition – Geist. München.

Deshimaru, T. (1978)   Zen in den Kampfkünsten Japans. Berlin

Deshimaru, T. (1983)   The Zen way to the Martial Arts. London.

Deutscher Ju-Jutsu-   Ju-Jutsu 1x1. Hamburg
Verband (1999)

Dollard, J. (1971)   Frustration und Aggression. Weinheim.

Felson, R.B. (1984)   Patterns of aggressive social interaction.
Berlin.

Fürntratt, E. (1974)   Angst und instrumentelle Aggression.
Weinheim.

Galtung, J. (1975)   Strukturelle Gewalt. Beiträge zur Friedens
und Konfliktforschung. Reinbek.

Hacker, F. (1973)   Terror. Wien.

Heinemann, K. (1980)   Einführung in die Soziologie des Sports.
Schorndorf.

Hirsch, V. (2003)   Kampfkunst in der Schule. Donauwörth.

Hyams, J. (1982)   Zen in Martial Arts. USA.

Jakobi, P./Rösch, H.   Sport und Jugendarbeit. Mainz.
(1978)

Kernspecht, K. (1998)   Vom Zweikampf. Burg.

Kleiter, E. (1993)   Aggressionen und Gewalt in Filmen und
aggressiv-gewalttätiges Verhalten von
Schülern. Problemstand. In: Empirische
Pädagogik, 7, S. 345–389.

Kraus, J. (2006)   Die verlorene Welt. In: Der Spiegel, 14, S. 30.

Kuhn, H. (1994)   Kampfkunst in der Jugendarbeit. Modetrend,
„Erlebnispädagogik" oder sinnvolle Möglich-
keit zur Selbstverwirklichung und Gewaltprävention? In: deutsche jugend, 11,
S. 488–497.

Kultusministerium   Grundsätze und Bestimmungen für den
Niedersachsen. (1998)   Schulsport. Hannover.

Michaelis, W. (1976)   Verhalten ohne Aggression? Versuch zur
                        Integration der Theorien. Köln.

Nakayama, M. (1972)   Dynamic Karate. Frankfurt am Main.

Neumann, U./v.   Budo als Methode der Gewaltprävention;
Saldern, M./   Der friedliche Krieger. Marburg.
Pöhler, R/
Wendt, P.-U. (2004)

Nolting, H.-P. (1997)   Lernfall Aggression. Hamburg.

Pilz, G. (1984)   Fußball ist für uns Krieg. In Psychologie
                        heute, 8, S. 52–59.

Pilz, G. (1994)   Jugend, Gewalt und Rechtsextremismus:
                        Möglichkeiten und Notwendigkeiten politi-
                        sche, polizeilichen, (sozial-) pädagogischen
                        und individuellen Handelns. Hamburg.

Queckenstedt, H.   Der Do-Gedanke in der japanischen
(1979)   Bewegungskultur als innovativer Beitrag
                        zur Diskussion um den Spitzen- und
                        Breitensport, aufgezeigt am Beispiel des
                        Karatedo; (Examensarbeit) Schwäbisch-
                        Gmünd.

Quensel, S. (1964)   Sozialpsychologische Aspekte der Kriminolo-
                        gie: Handlung, Situation u. Persönlichkeit.
                        Stuttgart.

Reich, W. (2000)   Die Funktion des Orgasmus. Sexualöko-
                   nomische Grundprobleme der biologischen
                   Energie. Köln.

Sargent, J. (2001)   Zen – Was ist das? Frankfurt am Main.

Schneider, H. (1999)   Schöpfung aus dem Nichts. Missverständnis-
                       se in der deutschen Rezeption des Labeling
                       Approach. In: MschKrim, S. 202–213.

Schreyer, T. (1989)   Der Hauptfeind des Athlet. Grabenkämpfe im
                      Deutschen- Karate- Verband. In: Taz, 5.4.1989.

Schwind, H.-D./   Ursachen, Prävention und Kontrolle von
Baumann, J. (Hrsg),   Gewalt. In: Unabhängige Regierungs-
(1994)   kommission zur Verhinderung und
         Bekämpfung von Gewalt. Berlin.

Sipes, R.G. (1973)   War, sports and aggression. An empirical
                     test of two rival theories. In: American
                     Antropologist, 75, S. 64–86.

Tegner, B. (1975)   Kung Fu und T'ai Chi. Neuwied.

Volmerg, U. (1977)   Gesellschaftliche Verhältnisse und indi-
                     viduelles Verhalten in der Aggressions-
                     forschung. Eine kritische Bestandsaufnahme.
                     In: R. Steinweg, Friedensanalysen – Für
                     Theorie und Praxis, 5, Schwerpunkt:
                     Aggression. Frankfurt.

Wood, W./   Effects of media violence on viewer's aggres-
Wong, F.-Y./   sion in unconstrained social interaction.
Cachere,J.-G. (1991)   Psychological Bulletin, 109, S. 371–383.